HOW TO PASS THE LEVEL 2 SECRETARY EXAM:
STEP-BY-STEP QUESTIONS

カラー改訂版

出る順問題集

文部科学省後援

秘書検定

2級に面白いほど受かる本

日本経済大学専任教員
川村学園女子大学 講師
佐藤 一明

はじめに

3級を飛ばして、2級・準1級にダブル合格できる！

効率よく学ぶことが、合格への近道！

　秘書といえばあこがれの職業のひとつですが、その仕事内容では、非常に幅広い能力が求められます。そのため、試験問題も多岐にわたり、効率のよい学習が合格の決め手となってきます。

　私はこれまで秘書検定の講師として多くの受験生を指導してきましたが、その間、2級で95％、準1級でも90％以上というきわめて高い合格率を保ってきました。本書はその指導経験に基づいて、「少ない勉強量で確実に合格すること」を目的として書き下ろしました。

　また、私の指導法の特色でもあるのですが、初めて勉強する方にも、2級と準1級の併願をすすめています。本書も、2級はもちろん、準1級の筆記試験まで突破できる内容になっています。

オールカラーで読みやすい！　5つのポイントを活用しよう

　秘書検定の試験対策の本はたくさん出版されていますが、本書は次のような特徴とメリットを備えています。

Point 1 ▶「出る順」だから、効率よく学習できる

　本書を作るにあたっては、過去20年間の試験問題を徹底的に集計・分析しています。その結果をもとに出題率の高い順番に項目をならべました。さらには、本試験問題が確実に解ける力がつくように十分配慮した

演習問題も作りました。

　たとえば、択一式（マークシート方式）で出題された問題を見てみると、正解以外の選択肢にも試験に役立つ大切なポイントが含まれています。

　ですから、正解の選択肢だけでなく、ほかの選択肢もよく読み、解説と照らし合わせながら勉強することをおすすめします。

Point 2 ▶ 「一般知識」が充実しているから、得点アップに効果的！

　試験は「理論編」と「実技編」に分かれていますが、「理論編」で点数がとれないために不合格となる受験者が実は多いのです。特に「理論編」に含まれる「一般知識」で確実に得点することが重要です。

　そのため本書では、２級・準１級の過去問題から必要な「一般知識」の用語を厳選し、過去の問題に出てきた表現を使って説明しています。３級・２級を受ける方は◎○がついた用語を重点的に、準１級を受ける方はすべての用語を確実に学習すれば、試験対策としては十分です。

Point 3 ▶ 重要ポイント（キーワード）がひと目でわかる！

　秘書検定の試験問題は「択一式」と「記述式」に分かれています。択一式の問題では、５つの選択肢から「適当なもの」または「不適当なもの」を１つ選択します。

　このとき、キーワードを押さえながら解答を探すと、正解にいたる確率は格段にアップします。また、記述式の問題でもキーワードを押さえながら答えを書くと、まとまったよい答案に仕上がります。

　そこで、本書ではキーワードや重要ポイントには色文字を使い、ひと目でわかるようにしました。この部分を重点的に学び、試験直前期にはそこだけを徹底的に復習すればいいでしょう。

Point 4 ▶ 　記述式問題への対策も万全！

　きちんと勉強することで効果が出やすいのが記述式問題です。２級では「マナー・接遇」「技能」の分野で記述式の出題がありますが、本書のPART 6とPART 7には、記述式問題を解くのに必要な知識が凝縮

されています。この2つのPARTを繰り返し学習しておくことで、満点をとることも不可能ではありません。

Point 5 ▶ 合格するための「勉強法」と「試験の受け方」を徹底指導！

ただ漠然と勉強していたのでは、どんなに勉強していても効果は上がりません。本書では、私の実際の指導経験から生まれた「効率よく勉強して、確実に合格するための方法」を紹介します。これらは、学生であれ社会人であれ、また秘書検定の勉強をしたことがあるかどうかといった条件にかかわらず、誰にでも実行できるものばかりです。

また、「試験開始のベルが鳴ったら、どこからどのように答案を書き始めるか？」などといった、試験当日、存分に実力を発揮するための具体的な方法についても解説します。

自分の夢を実現するために

秘書検定試験を受験する動機は、人それぞれでしょう。「就職活動に有利だから」「キャリアアップしたいから」「秘書の仕事に就きたいから」など、いろいろあるかと思います。本書に収録している合格体験記の声にも表れていますが、秘書検定は「合格」が一番の目標ではあるものの、勉強すること自体にも大きなメリットがあるといえます。一般常識からビジネスマナー、幅広い教養を身につける勉強を通して、一人の社会人として大きく成長するチャンスです。本書を活用することで、楽しみながら勉強し、必ずあなたの夢が実現するよう、心から応援しています。

2014年2月

佐藤　一明

※本書は『[最新版]出る順問題集　秘書検定2級に面白いほど受かる本』（2009年刊行）に最新の出題傾向を取り入れ、新編集＆オールカラー化して刊行するものです。

もくじ

巻頭折り込みシート
「試験直前　3分間CHECK！　これだけは押さえたい 頻出用語50」

はじめに──
3級を飛ばして、2級・準1級にダブル合格できる！ ……… 1

プロローグ　秘書検定合格への準備

秘書検定　合格のしくみ ……………………………… 12
合格するための勉強法 ………………………………… 15
効果的な学習プランの立て方 ………………………… 17
秘書検定の合理的な受験方法 ………………………… 20
秘書検定の日程・受験料・申込方法 ………………… 23

PART❶ 理論編 必要とされる資質

「必要とされる資質」の傾向と対策 ････････････････････ 26
Section 1　面会予約のある来客への対応は？ ････････････ 28
Section 2　秘書に必要とされる能力とは？ ･･････････････ 30
Section 3　必要とされる資質と心構え ･･････････････････ 32
Section 4　突然来訪した客への対応は？ ････････････････ 34
Section 5　仕事が競合したら、どう対処するか？ ････････ 36
Section 6　秘書にふさわしい身だしなみ ････････････････ 38
Section 7　後輩秘書の指導も大切な役割 ････････････････ 40
Section 8　訪問者に対して上手に断る方法 ･･････････････ 42
Section 9　秘書から上司への助言の仕方 ････････････････ 44
Section 10　秘書と企業機密の保持 ･･････････････････････ 46
合格体験記① ･･････････････････････････････････････ 48

PART❷ 理論編 職務知識

「職務知識」の傾向と対策 ････････････････････････････ 50
Section 1　秘書の定型業務 ････････････････････････････ 52
Section 2　秘書の非定型業務 ･･････････････････････････ 55
Section 3　電子メールの活用 ･･････････････････････････ 58

005

Section 4	秘書の機能と役割	60
Section 5	上司の出張中に心がけること	62
Section 6	秘書が果たす「補佐機能」の本質	64
Section 7	上司の指示・命令を受けて仕事をする	66
Section 8	ライン機能とスタッフ機能	68

合格体験記② ……………………………………………… 70

PART③ 理論編 一般知識

「一般知識」の傾向と対策		72
Section 1	コンピューター用語の知識	74
Section 2	経営に関する知識	75
Section 3	会社に関する知識	82
Section 4	財務に関する知識	86
Section 5	法律に関する知識	92
Section 6	カタカナ用語・略語	96
Section 7	税務の知識	101
Section 8	小切手と手形の知識	103

合格体験記③ ……………………………………………… 108

PART④ 実技編 マナー・接遇

- 「マナー・接遇」の傾向と対策 ································ *110*
- **Section 1** 尊敬語・謙譲語の基本 ························ *112*
- **Section 2** 来客対応の言葉遣い ·························· *115*
- **Section 3** 上司への言葉遣い ···························· *121*
- **Section 4** 電話応対 ···································· *124*
- **Section 5** 弔事のマナーと上書き ························ *126*
- **Section 6** 贈答マナーと上書き ·························· *130*
- **Section 7** 結婚祝いの上書き ···························· *134*
- **Section 8** 慶事の種類とパーティーマナー ················ *135*
- **Section 9** 効果的な説得の仕方 ·························· *139*
- **Section 10** 忠告をする・受ける ·························· *141*
- **Section 11** 報告は迅速かつ正確に ························ *143*
- **Section 12** 上手な話し方 ································ *145*
- **Section 13** 説明の仕方・断り方・苦情処理 ················ *147*
- **Section 14** 来客の案内・対応で気をつけること ············ *150*
- **Section 15** お茶の出し方と料理の種類 ···················· *159*

PART⑤ 実技編 技能

「技能」の傾向と対策 ・・・・・・・・・・・・・・・・・・・・・・・・・・・・・・・ 164
Section 1　郵便の種類 ・・・・・・・・・・・・・・・・・・・・・・・・・・・・ 166
Section 2　秘文書の扱い方 ・・・・・・・・・・・・・・・・・・・・・・・・ 169
Section 3　ファイリング ・・・・・・・・・・・・・・・・・・・・・・・・・・・ 171
Section 4　会議用語と準備の仕方 ・・・・・・・・・・・・・・・・・・ 174
Section 5　社内文書の種類と書き方 ・・・・・・・・・・・・・・・・ 181
Section 6　カタログ整理 ・・・・・・・・・・・・・・・・・・・・・・・・・・ 184
Section 7　雑誌整理 ・・・・・・・・・・・・・・・・・・・・・・・・・・・・・ 185
Section 8　名刺整理の手順 ・・・・・・・・・・・・・・・・・・・・・・・ 187
Section 9　文書の種類 ・・・・・・・・・・・・・・・・・・・・・・・・・・・ 189
Section10　社外文書の種類と書き方 ・・・・・・・・・・・・・・・ 191
Section11　社交文書の種類と書き方 ・・・・・・・・・・・・・・・ 196
Section12　文書の取り扱いと受け渡し ・・・・・・・・・・・・・ 199
Section13　オフィスの環境整備 ・・・・・・・・・・・・・・・・・・・ 204
Section14　職場のレイアウト ・・・・・・・・・・・・・・・・・・・・・ 206

合格体験記④ ・・・・・・・・・・・・・・・・・・・・・・・・・・・・・・・・・ 208

PART❻ 記述対策 マナー・接遇

記述対策「マナー・接遇」の傾向と対策 ･････････････ *210*
Section 1　尊敬語・謙譲語・接遇用語の使い分け ･･････ *212*
Section 2　謙譲語 ･･････････････････････････････････ *214*
Section 3　使ってはいけない敬語（二重敬語） ･････････ *215*
Section 4　接遇用語 ････････････････････････････････ *216*
Section 5　社内の人の呼び方 ････････････････････････ *219*
Section 6　上司の身内への言葉遣いと電話応対 ･･･････ *221*
Section 7　地位の異なる上司への言葉遣い ･････････････ *222*
Section 8　上司席での内線電話への応対 ････････････････ *224*
Section 9　お客様への電話応対 ･･････････････････････ *225*
Section10　上書き ･････････････････････････････････ *226*
Section11　上書きの書き方 ･････････････････････････ *228*
Section12　連名での祝儀袋の書き方 ････････････････ *230*
Section13　あて名の書き方 ･････････････････････････ *234*
Section14　予約なしに転勤の挨拶に来た客への対応 ････ *235*
Section15　弔事の基本用語 ･････････････････････････ *236*
Section16　葬儀での言葉遣い ･･･････････････････････ *237*
Section17　弔事の順序 ･････････････････････････････ *238*
Section18　訃報を受けたときの対応 ･････････････････ *239*
合格体験記⑤ ･･････････････････････････････････････ *240*

PART❼ 記述対策 技能

記述対策「技能」の傾向と対策 ・・・・・・・・・・・・・・・・・・・・・・・ 242
Section 1　グラフの種類と書き方 ・・・・・・・・・・・・・・・・・・ 244
Section 2　社内文書の書き方 ・・・・・・・・・・・・・・・・・・・・・・ 254
Section 3　郵送方法 ・・・・・・・・・・・・・・・・・・・・・・・・・・・・・・ 256
Section 4　社内・社外文書でよく使用される漢字 ・・・・・・・・ 259
Section 5　自分側と相手側の呼び方 ・・・・・・・・・・・・・・・・・ 263
Section 6　事務用品の名称 ・・・・・・・・・・・・・・・・・・・・・・・・ 266
Section 7　ファイリング用語 ・・・・・・・・・・・・・・・・・・・・・・・・ 270
Section 8　名刺整理 ・・・・・・・・・・・・・・・・・・・・・・・・・・・・・ 273
Section 9　会議に関する用語 ・・・・・・・・・・・・・・・・・・・・・・ 276
Section10　手紙（頭語と結語）・・・・・・・・・・・・・・・・・・・・・ 278
Section11　会議の開催案内の書き方 ・・・・・・・・・・・・・・・・ 280
Section12　メモの作成 ・・・・・・・・・・・・・・・・・・・・・・・・・・・ 281
Section13　返信はがきの書き方 ・・・・・・・・・・・・・・・・・・・・ 284

本文デザイン／ムーブ（川野有佐）
本文イラスト／福々ちえ　ここかなた

プロローグ
秘書検定合格への準備

秘書検定
合格のしくみ

基本のキ
だよ♡

試験内容と合格のしくみ

秘書検定の試験では、どの分野から、どれだけの問題数が出題されるのかを知っておきましょう。

試験では、大きく分けて「理論編」と「実技編」の2つの分野から出題され、どちらの分野でも60％以上を取得しなければ、合格にはなりません。

■出題数と内容

分野	級	出題形式	理論編			実技編	
			必要とされる資質	職務知識	一般知識	マナー・接遇	技能
出題数	3級 2級	択一式	5問	5問	3問	10問	8問
		記述式				2問	2問
	準1級	択一式	2問	2問	2問	5問	3問
		記述式	1問	1問	1問	3問	3問

※準1級では、2次試験として面接試験も行われます。

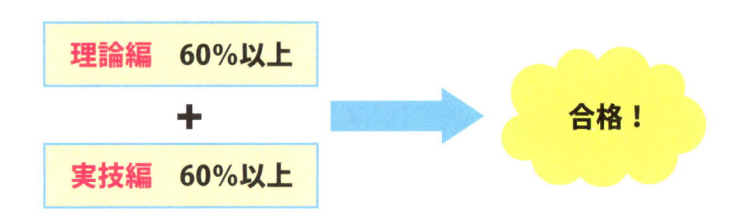

理論編　60％以上
＋
実技編　60％以上
→ 合格！

受験後、合否の結果が送られてきますが、下の例のような場合は不合格となります。たとえ「実技編」が合格に達していても、「理論編」の点数が足りなければ、結果的に不合格となってしまうのです。

■合否通知書の例

受験級	理論	実技	合否
2級	×A	○	不合格

★理論・実技とも各60％以上得点の場合に合格となります。
○……合格点まで達しています。
×A…あと一息で合格です。
×B…やや努力が必要です。
×C…さらに努力が必要です。
×D…かなり努力が必要です。

「理論編」「実技編」のどちらに重点を置くべきか？

　まず、両分野の特徴を押さえておきましょう。そして、その適切な対策もまとめました。

■「理論編」と「実技編」の特徴と対策

	特徴	対策
理論編	・読解力、センス、知的要素が要求される ・成績は勉強時間に比例して伸びない	・「必要とされる資質」「職務知識」は『秘書検定2級実問題集』（早稲田教育出版）で反復練習する ・「一般知識」は用語を覚える
実技編	・暗記的要素が強い ・勉強時間数に比例して点数は伸びる	・勉強すればするほど面白くなる分野だが、実力が一定レベルに達したところで、ひとまず勉強をやめる

出題される問題数は「実技編」のほうが多いです。また、「実技編」は勉強すればするほど面白く、「秘書の勉強をしている」という気分にもなるものですから、ますます勉強時間をとってしまいがちです。

しかし、その結果、「理論編」を軽視することにつながり、「理論編」で不合格となる受験生が多いのです。これから勉強を始めるみなさんは、このことを覚えておいてください。

「必要とされる資質」と「職務知識」が合否の決め手！

不合格者の大半が「理論編」が原因で不合格となってしまうのには、前項の理由のほかにも理由があります。

私は試験の合格発表があるたびに、必ず学生の試験結果を見て、自分自身の指導上の反省をしています。その結果、「理論編」でつまずいて合格できないのは、主に、次の2つの理由があることがわかりました。

> ①「理論編」は覚えることがほとんどないので、軽視してしまう
> ②「理論編」は正解と不正解の判断基準が、あいまいである

まず①ですが、ほとんどのテキストでは「理論編」はページ数が少なく、暗記が必要な部分も少ないために、つい軽視してしまいがちです。対策は、意識的に「理論編」（特に「必要とされる資質」と「職務知識」）に取り組むことです。

②の対策としては、過去問題（『秘書検定2級実問題集』など）を繰り返し解いて応用力をつけることが大事です。

ぜひ、この2点にも気をつけながら、本書を有効に利用して勉強を進めてください。

合格するための勉強法

3つのコツ

🌀 3つのコツを押さえて合格しよう！

　仕事が終わったあとや、学校の授業の合間に合格に向けて勉強するのは大変なことです。そこで、少しでも効率的に合格するために、勉強法のコツを3つお教えしましょう。

合格のコツ1　本書を反復練習する
合格のコツ2　過去問を5回解く
合格のコツ3　仲間作りをしてグループ学習をする

合格のコツ1　本書を反復練習する

　本書の問題を解き、ポイントをつかみ、解説の重要な部分にはアンダーラインを引いていきます。どんどん問題を解いてはアンダーラインを引くという作業をしていくと、本書のどの部分が重要か、自然に判明してきます。また、本書の場合は、すでに重要な部分は色文字、または太字で示してありますから、そこを重点的に勉強し、さらに自分でもアンダーラインを引いていくといいでしょう。

　本書の重要部分だけがアンダーラインで示されている状態になったら、そこだけを何度も読みましょう。こうすれば、1冊30分ぐらいで読み終わってしまいます。

　ポイントの部分だけを何度も何度も反復練習する。これが、合格への最短距離を行く効率的な勉強法なのです。

合格のコツ2　過去問を5回解く

　資格試験はたくさんありますが、共通している合格のコツは、過去問

を徹底して反復練習することです。秘書検定の場合は、『秘書検定2級実問題集』です。

　極端にいえば、過去に出題された試験問題を徹底的に研究すれば、「今回の試験ではどの範囲から、どのような問題が出されるか」ということが、ある程度、予想できます。

　たとえば、「必要とされる資質」のところで「秘書は上司の指示に従って動く」ということを学んでいても、具体的にはどうすればよいのかはわかりません。そこで過去問を練習することにより、「上司の指示に従って動く」とはどういうことなのかを具体例を通して学ぶことができるのです。

　また、過去問と非常によく似た問題が出題されることもよくありますから、過去問を練習しておくと、問題を解くスピードも速くなります。

合格のコツ3　仲間作りをしてグループ学習をする

　長年、秘書検定の受験指導をしてきて思うことは、仲間作りをして、グループ学習を積極的に進めた人たちは特に合格しやすいということです。

　実際、筆記試験はもちろんのこと、準1級の面接試験においても、仲間作りをして練習したグループからは、より多くの合格者が出ています。したがって、受験勉強を始めると同時に、仲間作りも積極的に試みてほしいと思います。

　社会人の受験者は、勉強仲間を作ることが難しいかもしれませんが、職場の同僚や後輩に声をかけて、一緒に試験にチャレンジしてみるのも手ですよ。

効果的な学習プランの立て方

めざす試験日に合わせてスケジュールを立ててから学習をスタートしましょう。ここでは目安となるスケジュールを紹介します。

長期計画

	6月試験	11月試験	2月試験
級	3・2・準1・1級	3・2・準1・1級	3級と2級のみ
推奨する教材	① テキスト（本書） 本書のみで、3級・2級・準1級の準備は万全。過去問と出題頻度を徹底的に分析し、試験で確実に点数がとれるようになっている ② 併用するテキスト 『[最新版]【出る順問題集】秘書検定[記述式問題]の点数が面白いほどとれる本』（KADOKAWA 中経出版）が苦手分野や詳しい解説が必要なときに役立つ ③ 過去問題集 『秘書検定2級実問題集』（早稲田教育出版）		
学習開始	4月〜	9月〜	12月〜
学習の要点	① 必要とされる資質……問題演習中心 ② 職務知識……問題演習中心 ③ 一般知識……本書の「一般知識」を確実に覚える ④ マナー・接遇……敬語・接遇用語・上書き・賀寿を正確に覚える ⑤ 技能……社内文書・秘文書・名刺整理・会議・グラフに重点を置く ⑥ 記述対策……本書の「記述対策」の出る順テストと『秘書検定2級実問題集』の記述部分をすべて解答できるようにしておく **試験直前1週間は確認期間。それまでに、ひと通りの学習を終える！**		

試験1週間前の計画（月〜金曜日）

曜日	試験まで	学習のポイント
月	あと6日	**必要とされる資質** • 本書の色文字・太字のポイント部分のみ復習する •『秘書検定2級実問題集』の「必要とされる資質」に重点を置く
火	あと5日	**職務知識** • 本書の色文字・太字のポイント部分のみ復習する •『秘書検定2級実問題集』の「職務知識」に重点を置く
水	あと4日	**一般知識** • 本書の用語（PART3）を覚える • 自分で用語カードを作成した人は徹底的に活用する※
木	あと3日	**マナー・接遇** • 本書の色文字・太字のポイント部分のみ復習する •『秘書検定2級実問題集』の「マナー・接遇」に目を通す
金	あと2日	**技能** • 本書の色文字・太字のポイント部分のみ復習する •『秘書検定2級実問題集』の「技能」に目を通す

※「用語カードの作り方」(P.73)参照

試験前日（土曜日）

	学習のポイント
① 一般知識	用語ごとに自分の理解度を確認し、**「不完全」**な用語に印をつける
② 敬語	必ず出題されるので、チェックする
③ 接遇用語	必ず出題されるので、チェックする
④ ファイリング	覚えにくいところなので、**器具の名称とファイリング方法**を正確にチェックする
⑤ 賀寿	種類と年齢を覚える
⑥ 本書	自分でアンダーラインを引いた部分と、本書のポイント部分を読む。時間がなければ省略してもよい

試験当日（日曜日。起床から会場まで）

学習のポイント

① **一般知識**
出題率の高い用語（◎○印）と「不完全」に分類した用語に目を通す

② **敬語・接遇用語**
必ず毎回出題される項目なので、念入りに最終チェックする

③ **賀寿**
近年、頻出の項目なので、忘れずに最終チェックする

試験開始10分前（試験会場）

学習のポイント

① **上書き**　　漢字も正確に書けるように、さらりと目を通す
② **ファイリング**　正確に記憶できているか、最終チェックする

この10分間は重要！　友人と話をしないこと！

試験開始後（試験会場）

本番での試験問題の解き方

Step 1　試験問題のページをめくり、一番後ろにある<mark>記述式問題</mark>の答案を先に作成する

Step 2　<mark>上書き・ファイリング・敬語・接遇用語・賀寿</mark>などの暗記的要素の強い問題にとりかかる。10分前に読んだことを忘れないうちに素早く答案を作成する

Step 3　1ページ目（択一式問題）に戻り、自信を持って解いていく

秘書検定の
合理的な受験方法

> ダブル受験♪

2級と準1級のダブル受験がおすすめ

　一般的な資格試験の受験方法は、3級に合格したら2級に挑戦、さらに準1級に挑戦というように、1級ずつ級を上げていく方法です。しかし私は、秘書検定に初めて挑戦する人には、2級と準1級のダブル受験、つまり併願をすすめています。

　それは次の2つの理由によります。
　第1に、秘書検定の出題項目が重なり合っていること。つまり、勉強する内容に同じ部分が大変多いのです。ですから、3級→2級→準1級と順に受験するよりも、一度に勉強して受験するほうが効果的であり、効率的でもあるのです。

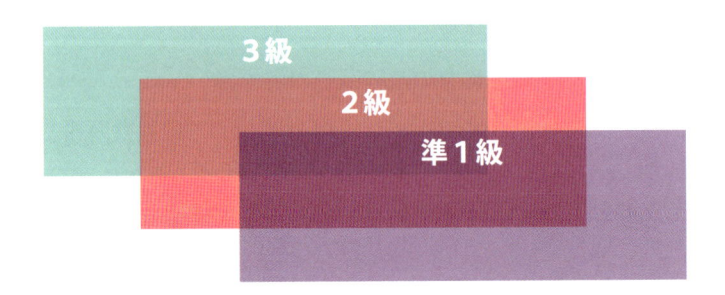

3級
2級
準1級

それぞれの級の出題範囲は、重なる部分が多い！

　第2に、2級に合格すると、就職試験において有利になります。したがって、3級から順に受験せずに、早めに2級以上にチャレンジしてみてください。

自分に適した受験計画を立てよう

　実際に秘書検定を受験し、合格するまでの流れを見てみましょう。受験計画を立てる参考にしてください。

■各級に合格するまでの流れ

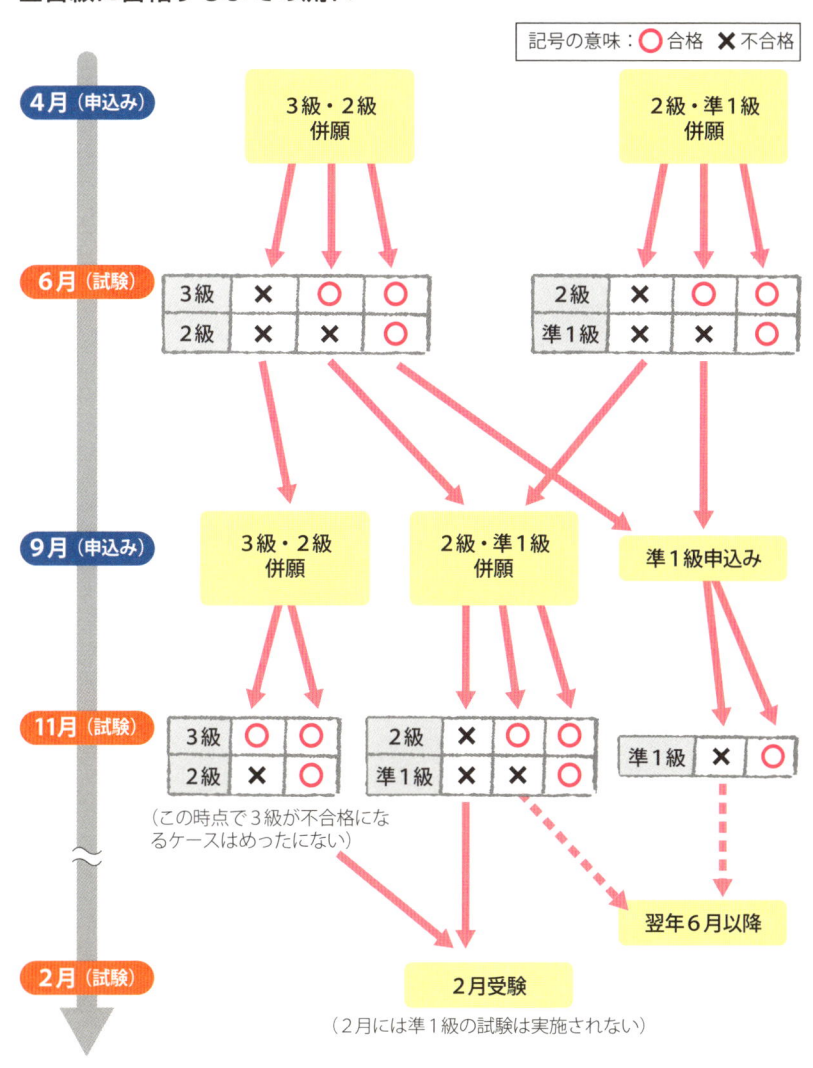

記号の意味：○合格　×不合格

4月（申込み）

- 3級・2級 併願
- 2級・準1級 併願

6月（試験）

| 3級 | × | ○ | ○ |
| 2級 | × | × | ○ |

| 2級 | × | ○ | ○ |
| 準1級 | × | × | ○ |

9月（申込み）

- 3級・2級 併願
- 2級・準1級 併願
- 準1級申込み

11月（試験）

| 3級 | ○ | ○ |
| 2級 | × | ○ |

（この時点で3級が不合格になるケースはめったにない）

| 2級 | × | ○ | ○ |
| 準1級 | × | × | ○ |

| 準1級 | × | ○ |

翌年6月以降

2月（試験）

2月受験

（2月には準1級の試験は実施されない）

私が教える学生のうち、4月に受験を申し込んだ学生の90％は、6月に2級と準1級のダブル合格を果たします。優秀な学生は、1年生の6月には準1級に合格します。6月に資格を取得すると自信がついて学業にさらに専念でき、英検やTOEICなど、「ほかの資格も取得しよう！」という意欲もわいてきます。いっそう充実した学生生活が送れますね。

　そして、こうした受験計画により、2月に行われる試験（2月は2級と3級のみ）の合格発表までには、クラスのほぼ全員が何級かの秘書検定に合格できています。
　もちろん、勉強はいつから始めてもよいのですが、ただこのような計画を1年生のときに立てて着実に資格を取得しておくと、その後、勉強や就職活動に専念できて、大変有意義です。

　また、私は「準1級のみの受験」は2級を取得済みの人にのみすすめ、それ以外の人には「2級と準1級のダブル受験」をすすめています。

　私の教え子たちの2級合格率は毎回95％以上ですが、100％ということも何度かありました。準1級でも90％以上の合格率です。ちなみに、公表されている受験者全体の合格率（第101回試験）を見てみると、2級で54.6％、準1級で27.8％となっています。
　本書を手にとられたあなたも、本書で明らかにする合理的な学習法と練習問題をおおいに活用して、合格を勝ち取ってください。

秘書検定の日程・受験料・申込方法

秘書検定の日程は？

実施月	6月	11月	2月
試験を行う級	3級・2級 準1級・1級	3級・2級 準1級・1級	3級・2級

　この表からもわかるように、2月の試験は2級と3級しか実施されません。また、準1級と1級の面接試験（2次試験）の実施日は別の日（だいたい翌月）です。注意してください。

受験料は？

3級	2級	準1級	1級
2,600円	3,800円	4,900円	6,100円
3級と2級の併願		2級と準1級の併願	
2,600+3,800=6,400円		3,800+4,900=8,700円	

受験の申込方法は？

　専門学校や短期大学であれば、学校が一括して申し込みを受け付けているところもあります。

また、大学生協などで申し込みを受け付けている大学も多いです。

　個人で申し込む場合には、①書店受付（全国の特約書店）、②インターネット受付（公益財団法人　実務技能検定協会のビジネス系検定ホームページから申し込み、受験料はクレジットカード、またはコンビニエンスストアで支払う）、③実務技能検定協会に願書を請求して現金書留で申し込むという方法があります。
　いずれの申込方法も、通常、試験日の２カ月前から１カ月前くらいまでが申込期間となります。

　最新の情報は、「公益財団法人　実務技能検定協会」のホームページhttp://jitsumu-kentei.jp に、詳しく掲載されています。

PART ①

理論編
必要とされる資質

「必要とされる資質」の 傾向と対策

秘書になれる？

暗記よりも、理解に重点を置くのがよい

　この分野では、秘書として「どのような心構えで、のぞめばよいのか」という内面的な気持ちの持ち方、また、「秘書とはどのような職種であり、どのような能力が必要とされるのか」などといったことを学びます。

　試験では、本書に書いてあることがそのまま出題されるのではなく、ポイントに基づいた具体的な状況設定がなされ、その場に応じた適切な対応を問う場合がほとんどです。

　この分野は、学ぶべき項目が比較的少ないため、「暗記する」というより「理解する」ことがメインになります。練習問題を解くときにも、「自分が秘書A子だったら、どのように対応すべきか？」と、自分の頭で考え、理解を深めるようにしてください。

　また、この分野は文字通り、「秘書として必要な基本姿勢」が問われます。よって、ほかの分野の基本となるところですから、しっかり学習しておきましょう。

　右ページに、各項目の出題頻度の目安「出る順ランク」を示していますので、参考にしてください。本書は、基本的には出題頻度順で項目を並べていますが、学習効率や理解しやすさなども考慮し、すべてが厳密に「出る順」になっているわけではありません。

出る順ランク

Aランク

Section ❶ 面会予約のある来客への対応は？（28ページ）
Section ❷ 秘書に必要とされる能力とは？（30ページ）
Section ❸ 必要とされる資質と心構え（32ページ）

Bランク

Section ❹ 突然来訪した客への対応は？（34ページ）
Section ❺ 仕事が競合したら、どう対処するか？（36ページ）
Section ❻ 秘書にふさわしい身だしなみ（38ページ）

Cランク

Section ❼ 後輩秘書の指導も大切な役割（40ページ）
Section ❽ 訪問者に対して上手に断る方法（42ページ）

Dランク

Section ❾ 秘書から上司への助言の仕方（44ページ）
Section ❿ 秘書と企業機密の保持（46ページ）

「必要とされる資質」の出題数

	3級	2級	準1級
択一式（マークシート）	5問	5問	2問

Section ❶
面会予約のある来客への対応は？

Aランク

来客の対応は秘書の重要な仕事です。さまざまなケースが考えられますが、基本となるパターンをいくつか覚えておき、出題された問題の場面に合わせて、基本パターンを応用して解答しましょう。

ここでは、アポイントメント（面会予約）のある客に対する対応の仕方を学びましょう。

❶アポイントメント（面会予約）のある客への対応

上司	上司在席中	上司不在中
対応	速やかに取り次ぐ	不在理由を述べる
会話例	「○○様でいらっしゃいますね。ただいまお取り次ぎいたしますので、少々お待ちください」	「大変申し訳ございませんが、○○は会議が長引いております。お待ちいただけませんでしょうか」

❷上司が不在のときの対応
- ▶上司が30分以内に戻る場合
  - 待っていてもらうようにお願いする
- ▶上司が30分以上戻らない場合
  - 相手の意向を聞き、上司の代理者を立てるか、日をあらためるかを確認する

❸来客が紹介状を持ってきたときの対応
- ▶中身をあらためず、上司に手渡す
- ▶紹介状の主な種類
  - 自分の友人や目下の人に紹介する場合……名刺に必要事項を記入して紹介状とすることもできる

- それ以外の人に紹介する場合……封書にするが、紹介される側が内容を確認できるよう、**封はしない**のが原則

▶**紹介者の心得**
- 紹介者は事前に電話などで、紹介した旨を紹介先に連絡しておく

出る順テスト

秘書A子の上司（山田専務）のところへ「約束があるのだが」と言って取引先のK氏が訪れた。しかし、A子はそのことを上司から聞いていない。この場合の対応として、<u>不適当</u>と思われるものを選べ。

1) 上司が在席していたので「少々お待ちください」と言って、上司に確認してから応接室に案内する。
2) 上司は外出中だったので「申し訳ございません。山田は急用で外出してしまいました。いかがいたしましょうか」
3) 上司が不在だったので「申し訳ございません。山田から聞いておらず、大変失礼いたしました」
4) 上司は外出中で今日は戻らないので、「申し訳ございません。私が確認すればよかったのですが。代理の者でよろしければ、代わりにお伺いいたしますが」
5) 上司は外出中だがすぐ戻る予定なので、「申し訳ございません、山田は急用で外出してしまいました。戻り次第、こちらからお電話を差し上げましょうか」

解答と解説

このような場面では、連絡ミスをどのように客に謝罪するかが問題です。上司が外出中の場合は、「急用で」とつけ加えると、相手にも不快感を与えずにすみます。3) は上司の責任にしているので不適当。秘書として、自分の不注意で行き違いが生じた、とわびるべきです。

解答　3)

Section ❷
秘書に必要とされる能力とは？

Aランク

秘書に必要とされる能力は多岐にわたります。これらの能力を磨くことによって仕事がスムーズに進み、信頼を深めることにつながるのです。

❶表現力
- ▶関係者への情報の伝達を正確に行うことができる
  - 説明、報告などを正確に行うことができる
  - その場に応じた言葉遣い、表情や態度で表すことができる

❷記憶力
- ▶内容（人の名前、以前会ったことがあるかどうか、電話番号など）を正確に把握し、覚えておくことができる
  - 上司からの指示、命令の内容を正しく記憶できる
- ▶記憶力を補うものを活用する
  - 要点メモを活用する

❸予知能力
- ▶上司の指示内容をあらかじめ察することができる
  - 自分が次に処理する仕事内容を察することができる
  - 状況を把握し、適切な事前準備をしておくことができる

❹情報収集力
- ▶有益な情報を収集し、提供できる
  - 上司または企業が必要としている有益な情報が何かを理解し、最新情報を収集、提供できる
  - 収集した情報を調査、分析できる
  - **うわさ話であっても**、上司に必要と思われる場合は**事実のみ**を情報として提供できる

❺人間関係のパイプ役

▶人間関係のパイプ役、潤滑油になることができる
・意識的によい人間関係や必要な人間関係を作ることができる

出る順テスト

秘書A子は社外から来た新しい上司（専務）につくことになった。A子は勤務時間外に専務に食事に誘われ、部長の人柄や仕事の進め方について聞かれた。次は、そのときのA子の答え方である。中から適当と思われるものを選べ。
1）勤務時間外であり、食事に誘われたことでもあるので、好意的に知っていることをすべて話す。
2）気になる点もあるが、聞かせてほしいと言われているので、よい点と気になる点の両方を話す。
3）自分では人物の評価はできないので、秘書課長などに聞いてもらえないかと言う。
4）部長も専務の人柄などわからないことが多いと言っていたので、直接話してみたらどうかと言う。
5）仕事の進め方などはありのままに話し、人柄など気になる点にはふれず、よい点のみを言う。

解答と解説

新しい上司に悪い先入観を持たせないような配慮が必要です。
1）知っていることをすべて話すということは、悪い点も話すという意味なので不適当です。
2）1）と同様、人柄などはよい点のみを話しておけばよいことです。
3）上司から情報提供を求められているのですから、秘書として、それに応えるべきです。
4）3）と同じ理由で不適当です。

解答　5）

Section ❸ 必要とされる資質と心構え

Aランク

秘書には、高い次元のコミュニケーション能力が求められます。上司だけではなく、他部署の人とも積極的に人間関係を築くことが必要です。

　上司と秘書にはチームワークが必要不可欠です。秘書は上司を信頼して仕事をして初めて、上司からの信頼を得ることができます。信頼される秘書こそ有能な秘書であり、逆にいえば、上司と秘書との間に信頼関係がなければ、業務を円滑に遂行することは難しいといえるでしょう。

❶補佐役に徹する
- ▶秘書は上司の陰の力となり、補佐役に徹する
- ▶秘書としての職務の限界を守る

❷人間性を理解する
- ▶上司に単に服従するのではなく、上司の気持ちや考え方を理解し、よき補佐役になる
- ▶上司の活動範囲について理解し、知識を持つ

❸優越感を持つことなく、業務を遂行する
- ▶秘書が優越感を持ちやすいといわれる理由
  - 秘書はトップマネジメントにつくことが多いため、会社の機密事項にふれる機会が多い
  - 上司に合わせた勤務時間になっているため、他部門の人とのズレが生じる
  - 勤務場所が離れている（社長室や秘書室などに勤務）

　秘書も一社員であるということを常に念頭に置き、孤立することなく、他部門の人とも積極的によい人間関係を築く必要があります。
　①言葉遣い・態度に気をつける、②社内行事・集まりに積極的に参加する、③自分から話しかけるといったことを心がけましょう。

❹秘書＝企業イメージであることを自覚する

▶秘書のイメージは上司のイメージであり、企業イメージでもあることを忘れず、常に感じのよい人柄を心がける

出る順テスト

次は秘書の資質や能力について述べたものである。中から不適当と思われるものを選べ。

1）物事は迅速に行わなければならないので、自分で判断して仕事を進めていかなければならない。
2）仕事が重なったときは優先順位を考え、場合によっては上司に相談し、適切に処理できるようにしなければいけない。
3）秘書も一社員であるから、周囲の人と歩調を合わせて仕事をしていかなければならない。
4）秘書は上司の好みや仕事の進め方に合った補佐の仕方を考えなければならない。
5）秘書は会社のイメージでもあるので、よい印象を持たれるような態度や言葉遣いをしなければならない。

解答と解説

2）～5）は、秘書として当然備えておくべき資質や能力です。1）は一見よい秘書のようですが、秘書が判断することは越権行為にあたる可能性があるため、不適当です。

日常業務の中には、電話応対やお茶を入れることなど、秘書が判断してできることもあります。しかし、ごく狭い範囲に限られており、1）のように自分で判断して仕事を進めることは、上司とのチームワークが乱れ、よい結果は得られません。常に上司とコミュニケーションをはかり、**指示**や**判断**を仰いだうえで仕事を進めていくべきです。

解答　1）

Section ❹

突然来訪した客への対応は？

B ランク

上司はスケジュールに基づいて行動していますが、面会の予約なしで訪問する客もいます。予約がある場合の対応と同様に、まず、基本ルールをしっかり覚え、それを応用して解答を導き出しましょう。

次の表に、アポイントメント（面会予約）のない客への対応についての基本ルールをまとめました。

アポイントメント（面会予約）のない客への対応

上司がいるとき		上司がいないとき
・相手の名前と用件を聞く ・上司に伝え、意向を尋ねる	ステップ1	・相手を確認する ・上司の不在理由と帰社予定時刻を伝える
・**転任の挨拶、年始の挨拶**などは、基本的には取り次ぐ （理由は**短時間ですむ**ため） ・取材の申し込みなどは、**担当部署**に連絡する （担当部署とは、総務課、庶務課、秘書課など） ・それ以外の場合は、上司に確認して、OKの場合のみ取り次ぐ	ステップ2	・上司の代理者（上司が部長の場合は課長など）が対応してもよいか、来客に聞く ・「上司の帰社後に、上司から連絡を入れる」と来客に伝える ・来客から伝言をあずかる

出る順テスト

部長秘書A子が受付を担当していると、取引先のY氏が訪れ「今日の5時に書類を受け取ることになっているのだが、近くまで来たので少し早いが寄ってみた」と言う。それらしき書類はあるのだが、上司は外出中であと1時間は戻らない。現在時刻は3時。このような場合のA子の対応として、適当と思われるものを選べ。

1）Y氏にそれらしき書類を見せ、それでよければ渡す。
2）書類の内容についてはA子にはわからないので、部長が戻り次第、確認して連絡を入れると言う。
3）書類に関係している人に事情を説明し、内容を確認してもらったうえで指示してもらう。
4）Y氏にそれらしい書類の内容を確認してもらうが、「渡すのは5時まで待ってもらいたい」と言う。
5）A子が内容を確かめて、Y氏との取引書類と確かめたうえで渡し、上司の帰社後に報告する。

解答と解説

1）勝手に書類を見せてはいけません。
2）上司の指示に従って行動しているので、適当です。
3）書類の内容に関しては、上司本人にしか確かめられないこともあるので、関係者の指示を受ける必要もありません。
4）1）と同様に、秘書の判断で勝手にY氏に書類を見せてはいけません。また、Y氏を5時まで待たせるという対応をするのは、融通のきかない秘書になってしまいます。
5）A子が内容を確かめるのは、越権行為にあたります。

解答　2）

Section 5
仕事が競合したら、どう対処するか？

Bランク

実際のビジネスの現場では、いくつもの仕事が並行して行われています。秘書として、正しい手順で仕事の優先順位を見きわめ、時間を有効に使って効率的に処理していくことが求められます。

　仕事の競合とは、「上司から依頼された文書の清書をしているときに、上司から『銀行に行ってくれ』と頼まれた」「会議の準備をしているときに文書作成を命じられた」といった、仕事が重なる状況のことをいいます。

　このように、仕事を同時に複数依頼されたときは、原則的に、上司の指示命令を受けて（上司にどちらを優先させるかを確認して）仕事を遂行します。

❶ 仕事が競合したときの対処の仕方

▶緊急事項や優先事項を優先させる
- 原則として上司の許可を得て仕事をするが、指示のないときには**緊急のもの、重要なもの**を優先する
- 一人で処理できそうにない場合は、同僚に手伝ってもらう

❷ 同僚に手伝ってもらう場合

▶上司の許可を得る
- 同僚に手伝ってもらう場合は、必ず**自分の上司の許可**を得る
- 同僚がほかの上司の秘書であれば、**同僚の上司の許可**も得る

▶定時に業務終了が前提
- **定時に業務を終了**させることを前提とする

出る順テスト

次は、秘書A子が、仕事が重なったときに行っていることである。中から<u>不適当</u>と思われるものを選べ。

1）時間的に無理だと思ったときは、ほかの人に手伝ってもらってもよいかを上司に確認している。
2）急ぎの仕事を優先し、時間的に余裕のあるほうをあとにしてもよいかと上司に確認し、指示を得ている。
3）勤務時間内に終わらない場合は残業したり、自宅に持ち帰ってでも終わらせるようにしている。
4）上司の個人的な用を頼まれたときでも、緊急であればそちらを優先している。
5）同時に2つの仕事を受けるときでも、どちらを優先させるかを上司に尋ね、指示を受けている。

解答と解説

基本的な姿勢としては、勤務時間内に業務を終了させるために「時間を有効に使う」ということになります。自宅に持ち帰り、仕事をすることは一見よいように見えますが、機密漏えいにもつながりかねません。時間内に仕事が終わるよう、適正な時間配分を心がけましょう。

3）を除く1）～5）は、上司からの要請に応えるために必要な対応です。重なる仕事でも引き受け、優先順位を聞き、どのようにすれば同時にできるかについて考えるようにしなければなりません。

そのためには、日ごろから個々の仕事に関する所要時間を、あらかじめ把握しておくことも大切です（たとえば、「A4サイズの文書の作成なら所要時間は30分」など）。そうすることによって、自分の能力を十分に発揮しながら、時間内に仕事をこなすことができるでしょう。

解答　3）

Section 6
秘書にふさわしい身だしなみ

秘書にとって服装や身だしなみは大切な要素です。働くことを目的とし、なおかつ、お客様や目上の人に好印象な身だしなみの基本を知っておきましょう。

Bランク

❶ 好印象の身だしなみ　三原則
▶清潔感がある
▶機能的である
▶調和がとれている

❷ 身だしなみのポイント

健康	規則正しい生活リズムを守り、健康管理をする
髪型	清潔に保ち、仕事がしやすいよう長い髪はまとめる
化粧	自然なメイクがよい。厚化粧やノーメイクは避ける
服装	清潔感と機能性があり、調和したもの
靴	動きやすい、中ヒール（3～5センチ）のパンプス
アクセサリー	派手なもの、大きなものは避ける。特に、大きなブレスレットやイヤリングは電話応対の際に邪魔になる

出る順テスト

次は秘書A子が身だしなみについて、新人秘書B子に注意したことである。中から<u>不適当</u>と思われるものを選べ。

1）秘書は企業の顔でもあるので、勤務中の服装は清楚で品格のあるものがよい。
2）香水や厚化粧は職場の雰囲気に合わないので、避けたほうがよい。
3）職場では活動的であることも求められるので、スーツを基本にした服装が適している。
4）勤務中の服装は先輩を参考にするとよい。
5）秘書がほかの社員と違う服装のときは、なるべく一緒に外出しないようにしたほうがよい。

解答と解説

1）～4）は秘書として心がける必要があります。先輩秘書は、会社の社風や規則を心得ているので、それを参考にすることは、秘書としての資質を備えることにつながるでしょう。

5）のように、秘書がほかの社員と一緒に行動しないでいると、秘書がほかの社員に対して==優越感を持っているように思われる==ことがあるので不適当です。秘書は、ほかの部署の社員と進んでコミュニケーションをはかる配慮が必要です。

解答　5）

本書全体を通していえることですが、「<u>不適当と思われるものを選べ</u>」という設問のときには、不適当な間違いのものを探すだけではなく、正しい選択肢の内容もしっかり吟味して、頭に叩き込んでください。各選択肢には、各分野のポイントが凝縮されているからです。==すべての選択肢の内容が重要==です！

Section ❼ 後輩秘書の指導も大切な役割

Cランク

先輩秘書にとっては、後輩秘書を指導することも仕事です。試験では、後輩のよくない態度を注意しなくてはいけない場面、後輩が来客を怒らせてトラブルになっている場面などがよく出題されています。

後輩を指導するときのポイント

- 仕事の指示をする際には**前例**や**見本**を示し、十分理解させる
- 指示したあとに、**疑問点**や**質問**がないかを聞く
- 新しい仕事や不慣れな仕事は当分の間、**結果に目を通す**
- 間違えやすい箇所は**あらかじめ指摘**し、注意をうながしておく
- 指導したあとの**フォロー**を大切にする

出る順テスト

秘書 A 子が受付の前を通りかかると、後輩秘書 B 子が来客と言い合いをしていた。来客はかなり憤慨しているようである。次はそのときの A 子の対応である。中から適当と思われるものを選べ。

1）その場で B 子に注意し、来客にわびてからその場を離れた。
2）B 子の対応を客にわび、自分が代わりに対応する。
3）来客と B 子の言い分を聞き、仲裁をする。
4）秘書課長などに事情を説明し、対応を代わってもらう。
5）B 子には B 子の対応の仕方があるのだから、その場では何もせず通りすぎる。

解答と解説

1）のように、来客の前で注意するというのは後輩（B 子）を傷つけることになり、よくありません。後輩を注意するときには、必ず 1 対 1 でするというのが原則です。

また、3）のように仲裁に入るより、来客にわびることが先決です。

4）は、A 子が代わって対応しても来客の怒りがおさまらないときに、秘書課長に相談するという方法もありますが、この段階ではまず、A 子が代わって対応したほうがよいでしょう。5）のように、通りすぎるだけでは問題は解決できません。

原因はどうであれ、来客を怒らせてしまったことはよくありませんので、まず、B 子に「来客を怒らせてしまったこと」に対して謝らせることです。その後は、自分が B 子に代わって対応をするのがよいでしょう。

解答　2）

Section ❽
訪問者に対して上手に断る方法

Cランク

ここでは、取引先や上司の友人など、今後も取引や関係が続いていく相手に対して断らなくてはいけないときに、どのような断り方をすべきなのかを知っておきましょう。

　訪問者にお断りをして帰ってもらうときには、人間関係を壊さないように注意し、相手の気持ちに配慮した言葉遣いをするようにしましょう。

　まず、相手に期待を持たせるような断り方はせず、断る理由を述べます。そのときは「申し訳ございません」などのクッション言葉（人にお願いをしたり、断るときに印象をやわらげる言葉）を添えて、相手にソフトに伝えることが大切です。

　また、「月曜日ではなく金曜日ではいかがでしょうか」などの代案を申し出るのもいいでしょう。

　最も重要なことは、その後の関係に影響しない断り方をして、上司の人間関係を円満に保つことです。

円満に断るためのポイント

- 相手に期待を持たせるような断り方はしない
- 断る理由を述べる
- 「申し訳ございません」「恐れ入りますが」などのクッション言葉を添える
- 代案を申し出る

> きちんと断るのが大事

> 丁寧な言い方で！

出る順テスト

秘書A子の上司（高橋常務）に面談の申し入れがあった。そのことを上司に伝えると、「会いたくないので断ってほしい」ということである。次は、A子が断る際に述べた言葉である。中から適当と思われるものを選べ。

1）「申し訳ございません。高橋は時間的に余裕がないので、お断りするようにと申しております」
2）「申し訳ございません。高橋はお会いしたくないと申しておりますので、ご理解いただけませんでしょうか」
3）「大変申し訳ございません。高橋がお断りするようにと申しておりますので」
4）「申し訳ございません。高橋は誰ともお会いしないことになっておりますので、ご了承願えませんでしょうか」
5）「申し訳ございません。高橋に伝えましたところ、またの機会にしていただきたいと申しておりますが」

解答と解説

　一般的に、「またの機会に」という言葉は、やんわりと断りたいときの決まり文句です。
　1）～4）のような断り方をしてしまうと、相手に不快感を与えるだけでなく、その後の関係にも支障をきたすことがあります。
　3）のように、「上司が断るように言っていた」という言い方もよくありません。
「会いたくない」「断る」という言葉を使わずに、上手に対応するのであれば、5）のような対応が適当です。

解答　5）

Section ❾

秘書から上司への助言の仕方

D ランク

秘書は、基本的には上司への進言や助言は許されませんが、上司から意見を求められることもあります。そのような場合には、いくつかの点に注意しながら、上司に有益な情報を提供するようにしましょう。

上司に進言する場合は、「秘書として、何かできることはないか」という姿勢で申し出たり、「私といたしましては……」などの言葉を用いて控えめな態度をとることが重要です。

たとえば、上司に「創立記念日に社員に記念品を配りたいが、君だったら何がいいと思う？」と意見を求められたときには、遠慮せずに「置き時計などいかがでしょうか？」などと、きちんと意見を言うことが、正しい秘書のあり方です。ただし、時と場所をわきまえ、あくまでも補佐役としての立場を忘れてはいけません。

❶補佐役でありながらアドバイザーであるには
- ▶補佐役の範囲内で、よきアドバイザーになれる
- ▶越権行為や決定を下すことは許されない

❷秘書から上司に進言してよい項目
- ▶健康面や食事に関すること
  - たとえば、「タバコを1日30本から10本に減らしたほうがいいのでは？」といった内容
  - たとえば、「思いすごしかもしれませんが、体調がすぐれないようにお見受けしますが」という遠回しなアドバイス
    ※「無理せずに今日は退社されたほうがよいのでは……」は、上司の仕事への口出しになるので不適切
- ▶明らかな間違いで、上司自身に悪影響を及ぼすような上司のミス
  - たとえば、書類上の誤字、漢字の変換間違いなど

出る順テスト

秘書A子の上司は、最近、多忙である。そのためか、顔色もすぐれない様子である。次はそのときのA子の対応である。中から適当と思われるものを選べ。

1）顔色が悪いのではないかと言い、ただちに健康診断をスケジュールに組み入れる。
2）スケジュールの組み方に無理があったかと尋ねてみる。
3）上司の健康状態が心配なので自宅に電話を入れ、奥様に連絡しておく。
4）顔色が悪いので、今日は帰ったほうがよいと言う。
5）午後からの来客は断ろうかと言ってみる。

解答と解説

　1）のように、上司に相談せずに勝手に健康診断をスケジュールに組み込むのは行きすぎです。
　3）と4）も、上司を気づかっての行為なのですが、行きすぎです。
　5）の来客を断るかどうかは、上司が決めることです。
　秘書が、上司のスケジュールを相談なしに勝手に変更することは、あってはならないことで、越権行為にあたります。上司への進言としては、自分のスケジュールの組み方に無理があったかを尋ね、相談するというのが秘書としての適切な補佐の仕方になるでしょう。したがって、2）が適当です。

解答　2）

Section ⑩ 秘書と企業機密の保持

Dランク

機密の漏えいは、ときに会社の内外を問わず、重大なトラブルや損失を招くことがあります。秘書は企業機密に最も近い場所にいることを理解し、機密を守る大切さと守り方をしっかり勉強しましょう。

　秘書は、企業の幹部の補佐役であり、仕事の性質上、企業の機密事項にふれる機会も少なくありません。

　機密に近いところにいる秘書としては、「聞かれても答えない」という守り方だけでなく、もっと情報漏えい防止に積極的に取り組むべきです。

　では、どのような心構えで、具体的にはどのような行動をとるべきかを見てみましょう。

機密保持のポイント

▶ **機密保持の心構え**
- 会社の内外を問わず、機密の漏えいは、ときに重大なトラブルや損失を招くことを認識する
- 秘書が機密に最も近い場所にいることを理解する

▶ **具体的な行動**
- 家庭内、電車内などでも機密事項は話さない
- 「聞かれても答えない」というのではなく、機密に関する事項は自ら口にしない
- 機密事項を知っていたとしても、「私にはわかりかねます」などと言い、知る立場にないことをはっきり示す
- 機密書類の取り扱いには細心の注意を払い、保管から破棄までを責任を持って行う
- 書類の廃棄の際には焼却するか、シュレッダーにかけて処理する
- 機密が漏れそうになった場合にも、冷静沈着に臨機応変の対応が

できるようにしておく
- 機密を守るために、<mark>社内外の人との交際範囲をせばめることはしない</mark>（交際範囲をせばめると、「人間関係のパイプ役」という秘書の役割を果たせなくなるため）

出る順テスト

次は機密保持のためにA子が行っていることである。中から<u>不適当</u>と思われるものを選べ。

1) 機密文書を取り扱っているときに関係のない人が近づいたら、さりげなく裏返したり、机の引き出しにしまうようにしている。
2) たとえ機密事項を知っていたとしても、他部署の上司にそれについて聞かれたら「知る立場にないので」と言っている。
3) 機密書類を廃棄するときは、焼却するかシュレッダーにかけている。
4) 機密保持に努めなければいけないが、社内のサークルや懇親会などには積極的に参加している。
5) 同僚の秘書には、業務を円滑に遂行するために自分が知った機密事項を話すようにしている。

解答と解説

　機密の程度と関係者（機密を知っている人たちの範囲）を把握することは、秘書として必要な能力です。

　しかし、業務を円滑に遂行するためだからといって、5)のように自分が知った機密を同僚の秘書に話すということはしてはいけません。

　秘書の態度としては、2)のように「関係者以外には話さない」「自分は知る立場にない」という姿勢でいるのが好ましいといえます。

解答　5)

合格体験記①

仕事も人生もさらに充実

田中 香 (33歳)

準1級合格／文部大臣奨励賞受賞※
大手住宅メーカー　会長秘書　和洋女子大学卒業

秘書の仕事に磨きをかけるために受験

　秘書検定の受験を決心したころ、私は会社という組織の中で秘書業務を任され、4年が過ぎようとしていました。
　後輩はいても指導者となる先輩がいない状況で、まさしく自己流の秘書業務を行っていました。そこで、自分の秘書業務に対する考え方や行動が間違っていないかを確認するために、秘書検定の受験を思い立ったのです。
　専門学校に通うことを決意し、そこで、よき師とよき友に恵まれ、さらに私の秘書業務への意欲は強いものになっていきました。

合格はゴールではなく、新たなスタート

　秘書は、ささいなミスさえも許されないことがあります。上司の信用だけではなく、会社の信用にかかわる重要な業務が少なくないからです。そういったことを、少しずつ勉強の中で認識するうちに、いつのまにか私の目標が検定の合格だけでなく、自分に磨きをかけるための勉強へと幅が広がっていることに気づきました。
　合格は「ゴール」のように思えますが、私にとっては「スタート」でした。学んだことは100パーセント、現在の業務に生かされていると思います。後輩の指導にも自信が持てるようになりました。
　「相手の立場に立った柔軟な考え方ができ、機敏に動ける」、常にそういう自分でありたいと思っています。この気持ちは、まぎれもなく、勉強の「成果」なのだと思います。

※合格者のうち優秀な成績を修めた人に与えられる賞

PART ②

理論編
職務知識

「職務知識」の
傾向と対策

秘書のオシゴト

秘書の役割と機能を押さえよう

　このPARTでは、具体的に「秘書はどのような業務を行うのか」、また企業において、「どのような役割や機能を果たしているのか」といったことを勉強します。

　実際に業務を行う場合には、基本的な「職務知識」を踏まえて、自分なりに状況に合わせて応用力を働かせ、適切な対応をしなければなりません。このPARTでは、その基礎となる項目をしっかり学びます。

　まだ社会に出ていない学生のみなさんにとっては、会社や会社組織というもの自体がわかりにくいかもしれませんね。

　できるだけ、「もし自分が秘書だったら……」とイメージしながら読み進めてみてください。

「職務知識」も暗記項目が比較的少なく、「理解する」分野といえます。PART1の「必要とされる資質」で学んだことを基本とし、じっくり学習を進めていきましょう。

出る順ランク

Aランク ★★★★★

Section ❶ 秘書の定型業務（52ページ）
Section ❷ 秘書の非定型業務（55ページ）
Section ❸ 電子メールの活用（58ページ）
Section ❹ 秘書の機能と役割（60ページ）
Section ❺ 上司の出張中に心がけること（62ページ）

Bランク ★★★★☆

Section ❻ 秘書が果たす「補佐機能」の本質（64ページ）
Section ❼ 上司の指示・命令を受けて仕事をする（66ページ）

Cランク ★★★☆☆

Section ❽ ライン機能とスタッフ機能（68ページ）

「職務知識」の出題数

	3級	2級	準1級
択一式（マークシート）	5問	5問	2問

Section ❶
秘書の定型業務

> 来客の対応は秘書の重要な仕事です。さまざまなケースが考えられますが、基本となるパターンをいくつか覚えておき、出題された問題の場面に合わせて、基本パターンを応用して解答しましょう。

　秘書が行う日常業務を以下に列記してみます。こまごましたものがたくさんあることがわかります。

　このほかにも、さらに突発的な業務が発生するわけですから、こうした日常業務はスピーディーに進めていかなくてはなりません。

　2級の試験対策としては、これらの日常業務の内容を押さえておくだけで十分ですが、準1級の受験者は、たとえば、記述式問題で「上司の健康管理をするうえで、秘書がすべきことを書け」と問われたときに、箇条書きでスラスラ書けるようなレベルまで到達しておきましょう。

❶上司の身の回りの世話
- ▶お茶、食事のサービス
  - 仕事の合間や接客中
  - 会議、会合の際
- ▶自動車の手配
  - 出社、退社、外出の際の手配
  - 運転手との打ち合わせ
- ▶上司の健康管理
  - 健康保険証の番号を控えておく
  - 主治医の連絡先を控えておく
  - 健康診断の日程を組む
- ▶上司の**私的交際の手伝い**
  - 上司の家族との連絡
  - 出身大学の同窓会の申し込み、ゴルフコンペの申し込み

❷日程の管理

- ▶予定表の作成と管理
- ▶面会予約の受付
- ▶上司の**私的日程の管理**
  - 上司の不在時に、上司の私的事柄があった場合は、その**上司の奥様**に相談する

❸出張の管理

- ▶日程表の作成
- ▶利用する交通機関の手配
- ▶宿泊先の手配
- ▶関係者への連絡

❹来客の接遇

- ▶来客受付
- ▶面会予約の受付
- ▶茶菓のサービス
- ▶上司不在の際の対応

❺会議・会合・パーティー・冠婚葬祭の手伝い

- ▶資料準備
- ▶会場手配
- ▶議事録作成

❻部屋の管理

- ▶上司執務室の管理
- ▶会議室、応接室の管理

出る順テスト

次は、秘書A子が仕事上、心がけていることである。中から<u>不適当</u>と思われるものを選べ。

1）上司の健康管理に関する情報も得るようにし、それを生かした補佐をするようにしている。
2）上司の職務内容や職務権限についても知るようにしている。
3）新聞には毎日、目を通し、経済状況や会社に関する情報も得るようにしている。
4）秘書業務の範囲内においては、上司の指示がなくても自分で進めるようにしている。
5）上司の補佐をするために、必要な上司の私的な交際関係についても、積極的に知るようにしている。

解答と解説

　秘書は上司からの指示の範囲内で補佐業務を行うわけですから、機転をきかせ、的確に補佐をしていかなければなりません。
　4）は、「秘書業務の範囲内においては」という部分がポイントになっています。たとえば、日常業務（お茶を入れる、来客の対応をするなど）は、上司の指示がなくても行うべき業務といえます。もし、これらの日常業務についても、いちいち上司の指示を得ているようなら、それは秘書として適切ではありません。
　職務関係者との私的交際においては、手伝いをすることも業務に含まれますが、5）のように「積極的に知るようにする」というのは少し行きすぎです。

解答　5）

Section ❷ 秘書の非定型業務

非定型業務とは、突発的事態や前例の少ない業務のことです。秘書は、これ以上事態を悪化させないすべを知っていることが必要であり、状況によって臨機応変に対応できるように訓練しておくことです。

日常業務の延長線上にある非定型業務

非定型業務	対応
予約のない訪問者の対応	・上司がいることは告げず、**会社名**、**氏名**、**用件**を聞き、上司の指示を受ける ・名刺をもらう
急な出張や残業	・急な出張や、やむをえない残業が発生した場合は、私用があっても仕事を優先する
上司が代わったときの対応	・前任者（前の上司）からの引き継ぎを行う ・新しい上司を理解し、やり方に早く慣れる ・前任者のやり方と比較しない
マスコミへの対応	・マスコミから急な取材を受けても、上司に意向を聞いたこと以外は「わからない」という態度を通す

予測不能な非定型業務

非定型業務	対応
急病	・かかりつけの病院や主治医の連絡先をメモしておく ・救急備品（薬、包帯など）を備える ・応急手当の方法を身につけておく
盗難	・上司や秘書室長に連絡して指示を仰ぎ、警察に連絡する
不法侵入者	・脅迫や暴力がある場合は、速やかに**担当部署（総務課、秘書課、庶務課など）**へ連絡し、対処する ・状況によっては、警備室や警察に連絡する
災害 （火事、停電、地震、洪水など）	・人命を第一に考え、来客などを安全な場所に誘導する ・上司の指示に従う ・事態により重要書類などを安全な場所へ持ち出す
交通事故	・救急車を手配、警察へ連絡する ・会社、上司の自宅、秘書課長などに連絡する

人命第一！

落ち着いて

出る順テスト

秘書A子の上司（部長）は、社外での重要会議に出席している。その間の電話連絡はしないようにと言われているところへ、取引先から至急連絡をとりたいという電話が入った。次はそのときのA子の対応である。中から適当と思われるものを選べ。

1）「電話連絡はしないように言われているので、会議が終了するまで待ってもらいたい」と丁寧に事情を説明する。
2）「どうしても緊急なら、直接電話してもらえないか」と言って連絡先を教える。
3）電話連絡はできないので、「自分が代わりに話を聞く」と言う。
4）予定終了時刻を告げ、「終わり次第こちらから電話するが、それで間に合うか」と尋ねる。
5）用件を詳しく聞き、会議が終わってから報告する。

解答と解説

　会議中に電話を取り次がないようにと言われた場合でも、上司の身内の不幸や事故、取引先からの緊急連絡などは取り次ぐという判断が適当でしょう。ですが、2）のように「直接、電話してほしい」「直接、連絡をとり合ってほしい」という対応はいけません。なぜなら、「上司を補佐する」という業務をしていないからです。

　3）と5）のように、自分が上司になり代わって話を聞くことは越権行為にあたりますので、やってはいけません。

　この場合は、4）のような対応をし、終了時刻まで待てるのであれば待ってもらい、緊急事態であれば秘書が上司に連絡をとり、指示を仰ぐのがよいでしょう。

解答　4）

Section ❸ 電子メールの活用

職場でパソコンが1人1台支給される時代となり、最近では、電話・手紙よりも電子メールが活用されています。メールの使用法やビジネスマナーは押さえておきたいところです。

電子メールやインターネットを使うときの注意点

▶ メールを作成するとき
- 一目で内容の見当をつけられるようなタイトルをつける
- 内容は箇条書きにして、単刀直入型の文章を作成する

▶ 発信時に注意すること
- あて先のアドレスを注意深く確認する（間違いメールの防止）

▶ インターネットのURLやメールアドレスの入力で使う記号と読み
- - ハイフン
- _ アンダーバー
- : コロン
- . ドット
- / スラッシュ

▶ ＣＣ、ＢＣＣの使い分けと注意点
- ＣＣ（カーボン・コピー）：本来のあて先以外にも同じ内容のメールを送るときに使う。受信者は、==自分以外でそのメールを受け取った人を確認することができる==
- ＢＣＣ（ブラインド・カーボン・コピー）：本来のあて先以外にも同じ内容のメールを送るときに使うもの。ＣＣと異なり、==自分以外の受信者は表示されない==
- ＣＣとＢＣＣメールを送りすぎない

出る順テスト

次は秘書A子の電子メールの取り扱いについて述べたものである。中から<u>不適当</u>と思われるものを選べ。

1) A子の退社直前にメールが3件来ていたが、急いで返信する必要はなかったので、翌日返信することにして退社した。
2) 社長からA子に「今夜、（A子の上司と）話がしたい。都合のよい時間を教えてもらいたい」というメールがあったので、「午後6時以降のことはわからないので直接聞いてほしい」と返信した。
3) 上司の出席予定の会議を開催するにあたって、都合のよい日時を教えてほしいというメールがあったので、A子は「上司は今日、外出していて連絡がつかない。明日出勤したら聞いて返事する」と返信した。
4) CCとは、本来のメールのあて先人以外にコピーを送っておきたい人がいる場合に使う機能であり、CC欄に記入した人のアドレスはすべての受信者のメールに表示されると理解した。
5) 直接の関係者ではない人にCCでメールを送りすぎると、その人にとって重要ではないメールを何通も読ませることになるので、送信する相手（関係者の範囲）をよく考えてから送信する必要があると考えた。

解答と解説

1) は、翌日処理すればよい仕事は残業してまでする必要はないので正しいです。3) は、今日中に連絡がつかず、明日、連絡がつき次第連絡するということなので正しいです。4) と5) も正しいです。2) は、「上司と直接やりとりしてほしい」と言っているので、上司の補佐という業務を遂行していないことになってしまいます。

解答　2)

Section ❹ 秘書の機能と役割

ここでは秘書の機能と役割について学びます。試験問題や練習問題でも「機能」と「役割」という言葉がよく出てきます。まずは、秘書の「機能」と「役割」についての定義を知るところからスタートです。

❶ 秘書の機能と役割

機能 ＝ 上司を**補佐**する

役割 ＝ **雑務を処理**する

❷ 上司と秘書の機能と役割の違い

	機能	役割	具体的な仕事	仕事の成果
上司	経営	経営計画 組織維持 指揮・命令	決裁業務 経営管理など	利益の確保 **会社**の成果につながる
秘書	上司の補佐	日常の雑務を処理	電話応対 接遇など	**上司**の成果につながる

❸ 秘書の職務限界と代行業務

▶ 代行してはいけない業務
- 経営管理に関する仕事
- 決裁書類、稟議書（下から上へ提案する際の書類）への**押印**
- 上司になり代わっての来客の対応

▶ 当然代行すべき業務
- 来客の接遇
- 事務処理、事務手続きの代行
- 環境の整備
- 上司の命令範囲内での代行業務

出る順テスト

次は秘書A子が秘書の役割として考えたことである。中から<u>不適当</u>と思われるものを選べ。

1）上司の私用の外出については、日程表には記入せず、自分用の手帳などに書いておくようにする。
2）初めての来客については、どのような人かを調べ、上司に報告するようにする。
3）上司のことを理解するために、趣味や交際範囲も知っておくようにする。
4）上司の負担を軽くするために仕事の分担を行い、上司の来客の対応などを代行するようにする。
5）上司に知らせたほうがよいと思ううわさ話などを耳にしたときは、事実のみを知らせるようにする。

解答と解説

　秘書の役割や機能は、上司の期待に応え、できるかぎり上司が本来の仕事に専念できるよう雑務を引き受け、補佐することです。
　それによって、上司からの信頼を得ることになりますが、上司の負担を軽くするために勝手に上司の仕事（来客対応など）を分担し、代行することは、越権行為になります。
　よって、4）のような補佐の仕方をすることは不適当です。

解答　4）

Section 5 上司の出張中に心がけること

Aランク

上司の出張にかかわる秘書の業務（出張前・出張中・出張後）については、試験でも出題されています。それぞれの段階で何をすべきか押さえておきましょう。

出張にかかわる秘書の業務

出張前の業務

- 交通機関の手配
- 宿泊先の手配
- 携帯所持品の準備
  - **名刺**、筆記用具、切符・チケット類、**旅程表**
- 出張旅費の**仮払い**を受ける
  - 出張中に必要な費用を概算し、経理課に申請
- 社内・社外の関係者への連絡

出張中の業務

- 上司との連絡（**1日1回**が目安）
- 上司出張中の受信文書の整理・保管
- 名刺の整理やファイリングなど、**ふだんやり残した業務**の処理
- 来客の対応・電話応対

出張後（帰社後）の業務

- 出張旅費の**精算**
- **出張報告書**の清書
- 出張先で上司がお世話になった人への**礼状作成**
- 上司の帰社を**関係部署に連絡**する

出る順テスト

次は秘書A子が上司の出張中に心がけていることである。中から<u>不適当</u>と思われるものを選べ。

1）長期の出張で文書を回送することもあるが、その場合は番号をつけるなどして順序がわかるようにしている。
2）上司との連絡は迅速に行わなければならないので、そのつど上司に確認し意向を聞いている。
3）上司の出張中には、文書の整理やファイリングをやっておく。
4）自分で判断できないことは、上司の代理者に確認して行うようにする。
5）出張を終えて帰ってきてからの仕事の準備も、秘書として、しておくようにする。

解答と解説

　出張中の上司との連絡は、緊急の場合を除いて1日1回が原則です。2）のように、そのつど上司に連絡しているのでは、出張先での上司の仕事にも支障をきたします。
　上司の出張中には、2）を除く、1）〜5）のように心がけなければなりません。

解答　2）

Section ❻ 秘書が果たす「補佐機能」の本質

前項までは、「秘書は陰の力となり、上司の補佐役に徹する」ということを学びました。ここでは、具体的な心がけや補佐の仕方について、不適切な例を通して見てみましょう。

「上司の補佐をする」とは

①秘書の考え方があっても、上司の考え方を優先する
②上司の性格などの人間性を理解する

「上司の補佐」として、不適切な例

ケース1 上司の仕事を軽減するため、初めての来客があったときは、秘書が上司に代わって対応する。
→訪問客に対しては、上司にどのように対応するかを尋ねてから対応する。秘書が勝手に対応してはいけない。

ケース2 取引先の吉田氏が、終業時刻ギリギリに上司に会いに来たが、終業時刻間際であるため、取り次ぎを拒否した。
→秘書は、自分の意見や考え方を優先せず、上司の意向に従わなくてはいけない。上司にとっては待ち望んでいた客の可能性もあるので、秘書の独断的判断は不適切である。

ケース3 上司からは「面談中は、よほどのことがない限り、電話は取り次がないように」と言われている。取引先から「昨日の件で、急いで確認したいことがある」という電話があったので、「あとでかけ直す」と答えておいた。
→上司が面談中や会議中のときなどは、電話は保留にして、メモを入れて上司の意向を尋ねるのがよい。

次は秘書Ａ子が補佐の仕方について心がけていることである。中から不適当と思われるものを選べ。

1）前任の秘書にもアドバイスしてもらいながら、上司に合った補佐の仕方をしている。
2）上司と秘書はお互いに理解していなければならないので、自分の性格もわかってもらうようにしている。
3）上司が秘書に求めることなどを話してもらい、それに合った補佐の仕方をするようにする。
4）いたらないところに気づいたら、自ら反省して、すぐに改めるようにしている。
5）細かい気配りの補佐で、上司からの信頼を得るようにした。

解答と解説

秘書の仕事は、上司の性格や仕事の進め方を理解し、補佐することです。2）のように、上司に対して自分の性格を理解してもらおうとしたり、わかってもらおうとすることはありえません。

上司によって、性格や仕事の進め方は異なります。たとえば、せっかちな上司についたなら、上司に合わせて早め早めに動くことが大切です。逆にノンビリした上司についたときには、上司をせかすことなく、どっしりかまえて仕事をするのがよいでしょう。

解答　2）

Section 7 上司の指示・命令を受けて仕事をする

Bランク

突発的な事態に直面したときも、上司に必要な情報を入手し、正確に報告することを第一に心がけます。また、情報を得たうえで、「秘書としてやるべきことは何か？」を自ら考える姿勢が重要です。

秘書は、上司の指示・命令を受けて、仕事を遂行します。秘書が勝手に独断的に仕事をしてはいけません。上司を補佐することによって、企業の成果に間接的に貢献できるのです。

過去の試験に出題された事例

事例1

取引先から、「保留になっている明日の面会はどうなっているか？」という電話を受けた。スケジュール表を見たところ、上司の予定は空いていたので、予約を入れた。

誤り 予約を入れるか否かは、上司が決定すること。上司の指示を得ずに予約を入れることは不適切。

事例2

すでに決まっている予定と外部の会合が重なったときには、先に決定した予定を優先して、「欠席」の返事をする。

誤り 予定が重なった場合、どちらを優先するかは、上司が決定する。秘書が勝手に決定することはできない。

事例3

総務部長秘書A子が、営業部長秘書B子から「総務部で予約している会議室を変更してもらえないか」と頼まれた。A子は何とかなるだろうと考え、総務部員に「営業部の都合で変更になる」と連絡した。

誤り 総務部の会議場所の変更は、上司である総務部長が決定して確定する。確定後に変更の連絡をすべきである。

出る順テスト

秘書A子の上司は長期出張中である。そのようなときに、A子も顔見知りであり、上司の友人でもある取引先の専務R氏が急病で入院したとの知らせを受けた。次はそのときにA子がとった行動である。中から<u>不適当</u>と思われるものを選べ。

1）R氏の秘書にお見舞いを述べ、詳しい容態を聞き、上司からの定時連絡の際に報告できるようにした。
2）見舞品の準備をしておき、上司からの定時連絡を待って報告し、指示を受けた。
3）上司は長期出張中なので、前例を参考に見舞品を送った。
4）急病ということなので、上司からの定時連絡を待たずに出張先へ連絡し、指示を受けた。
5）A子が代理で見舞いに行くことも考えられるので、準備をした。

解答と解説

R氏の容態によって定時連絡を待つか、こちらから上司に連絡を入れるかが決まります。見舞いの準備は秘書として当然しておくべきですが、3）のように独断で送るのはよくありません。R氏の秘書にこちらの事情を話し、お見舞いを口頭で伝え、上司に報告できるように詳しい容態を聞いておきます。

解答　3）

Section ❽ ライン機能とスタッフ機能

Cランク

企業内の「ライン機能」と「スタッフ機能」の意味を理解しましょう。また、組織内における上司と秘書の立場と個々の機能や役割を確実に把握しておきましょう。

❶「ライン機能」と「スタッフ機能」とは？

一般企業の中には「ライン機能」と「スタッフ機能」があります。それぞれの機能を見てみましょう。

ライン機能	会社の利益を生み出すための機能 製造部、販売部、企画部など	上司
スタッフ機能	ライン機能を支援、補佐する機能 総務部、人事部、秘書課など	秘書

このように、「ライン機能」に属する上司を「スタッフ機能」に属する秘書が、定型業務・非定型業務において補佐しているのです。

```
         ライン機能                  スタッフ機能
     ┌──────┼──────┐          ┌──────┼──────┐
   製造部  販売部  企画部      総務部  人事部  秘書課
```

❷スタッフとしての秘書の役割

- ▶上司の指示・命令に忠実に従う
- ▶秘書自らの独断行動は許されない
- ▶上司の指示・命令の範囲内の代行業務を行う
- ▶経営管理に及ぶ仕事の代行は行えない
- ▶上司（部長）が不在の場合は、直属の上司（秘書課の課長など）に指示を仰ぐ

❸ **秘書（スタッフ）が、上司（ライン）を補佐するために「知るべきこと」「知らなくてもよいこと」**

▶秘書が知るべきこと
- 上司の人脈
- 上司の仕事の範囲
- 上司の社外での所属団体

▶秘書が知らなくてもよいこと
- 上司の業務外の副収入
- 上司の休日の過ごし方

出る順テスト

次は秘書の機能について述べたものである。中から<u>不適当</u>と思われるものを選べ。

1）秘書は、上司の指示・命令に従い、業務を遂行する。
2）秘書は、上司とそのほかの人とのパイプ役としての役割もある。
3）スタッフとしての秘書は上司の雑務を処理するのが役割である。
4）ライン機能に属する上司を補佐するのが秘書である。
5）ライン機能に属し、スタッフ機能の補佐をするのが秘書である。

解答と解説

　左ページの表を見れば、解答はすぐに見つかりますね。上司は企業を経営し、利潤を追求するライン機能に属し、秘書はその補佐をするスタッフ機能に属します。つまり、「秘書はラインを補佐するスタッフ」ということになります。

解答　5）

合格体験記②

自分に自信をつけるための挑戦！

谷口　美優 (19歳)

2級・準1級ダブル合格
東京経営短期大学2年　大手総合病院内定

苦手な国語を克服するために！

　秘書検定を受けてみようと思ったきっかけは、この勉強を通して、正しい日本語の言葉遣いを身につけたいと思ったからです。

　尊敬語と謙譲語、来客対応の言葉遣いは、日本人ならできて当たり前なのかもしれませんが、私自身、正確に使えているのだろうか……と感じていたからです。そのため、基礎から学び、何度も「この言葉はこういう意味」と書いて覚えました。普通の言い方から、尊敬語や謙譲語への言い換えも徹底的に練習しました。

　敬語のほかで、特に重点的に勉強したのは　贈答マナーと上書き、慶事の種類、郵便の種類、時候の挨拶、社外文書や社内文書でよく使われる漢字です。これらも紙に書き、頭の中でも整理しながら覚えました。

就職試験にも役立つ秘書検定の勉強

　秘書検定の面接試験のために練習していたお辞儀の姿勢は、就職試験でも活用できました。面接で話をするときにも、丁寧な言葉遣いがスラスラと出てきました。思ったよりも勉強したことが身についていたので、自分でも驚きました。

　私は、秘書検定を取得することにより、自信がつくと思います。なぜならば、いろいろな場面できちんとした対応ができるようになるからです。

　私が内定している仕事は、医療事務です。病院の受付業務なので、患者さんやそのご家族に対して、秘書検定で学んだ言葉遣いやマナーを役立てていきたいと思います。

PART 3

理論編
一般知識

「一般知識」の傾向と対策

覚えて楽勝♥

「一般知識」が合否の決め手になる！

「一般知識」の分野は、本試験での出題数は決して多くはありませんが、実際には合否を分けるポイントのひとつになっています。そして、覚えていれば、確実に得点できる分野でもあります。

ここでは、私の指導経験から、次のような学習法を取り入れることをおすすめします。

「一般知識」の学習法〜4つの対策

対策1	ポイントを押さえながら、**広く浅く学ぶ**
対策2	用語説明の**キーワード**を正確に押さえて学習する
対策3	難しい用語は、**具体的な事例**を1つ引用して覚える
対策4	自分の言葉で**用語カード**を作る

対策1 ポイントを押さえながら、広く浅く学ぶ

「一般知識」の出題範囲は非常に広く、詳細に勉強していたら、1年間勉強しても終わらないほどです。しかし、実際には細かな点は出題されません。このことをまず念頭に置いて勉強を進めてください。

対策2 用語説明のキーワードを正確に押さえて学習する

択一式はもちろんのこと、記述式においてもキーワード（用語説明の基本となる言葉）をしっかり押さえて学習すると、正確に答えられる力

がつきます。本書では左側に「用語」を、右側に「用語説明」を掲載し、「用語説明」のキーワードには色をつけています。その色をつけた部分をしっかり覚えておいてください。また、用語の下に「101回出題」などと記載されているものは、実際に「第101回試験」に出題されたことを示しています。参考にしてください。

対策3　難しい用語は、具体的な事例を1つ引用して覚える

　具体的事例を覚えると、用語が難しくても、ラクにその言葉のイメージがわき上がるようになってきます。

対策4　自分の言葉で用語カードを作る

　特に時間のない社会人の受験生は、「用語カード」を作ることをおすすめします。時間を有効に使い、効率のよい学習をめざすうえで、とても助けになるからです。カードの作り方を簡単に紹介しておきますので、ぜひ活用してください。

用語カードの作り方

名刺サイズの紙の表に用語、裏に用語説明を記入します。
右上にリング用のパンチ穴を開け、リングでとじます。

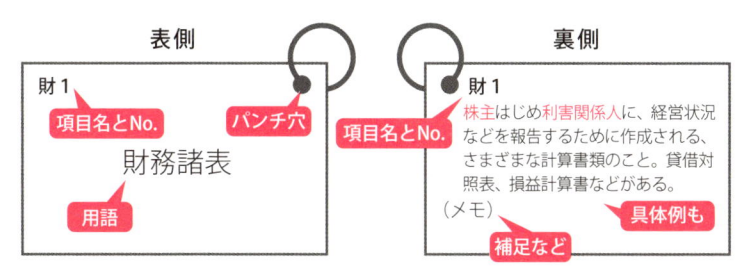

表側
財1
項目名とNo. ／ パンチ穴
財務諸表
用語

裏側
財1
項目名とNo.
株主はじめ利害関係人に、経営状況などを報告するために作成される、さまざまな計算書類のこと。貸借対照表、損益計算書などがある。
（メモ）
補足など　　具体例も

「一般知識」の出題数

	3級	2級	準1級
択一式（マークシート）	3問	3問	2問

Section ❶ コンピューター用語の知識

3級・2級の受験者は◎と○（◎のほうが重要）を、準1級の受験者はすべて（無印を含む）をマスターしておきましょう。

◎ CC
（カーボン・コピー）
複数の人に同じEメールを送信するときに使う機能で、CC欄に記入しているアドレスは、受け取り側に、すべて表示される。

◎ BCC
（ブラインド・カーボン・コピー）
複数の人に同じEメールを送信するときに使う機能で、BCC欄に記入しているアドレスは、受け取り側に、表示されない。

○ ツール
道具、工具。コンピューター用語では、何か作業するときに補助的に用いられるソフトウェア・プログラムのこと。

○ 電子マネー
貨幣の代わりにカードに記録されたデータによって決済するシステム（例：Suica）。

◎ コンピューター・ウイルス
コンピューターに侵入し、プログラムやデータを破壊し、拡散する性質を持つプログラム。

○ データベース
大量の情報（データ）を必要なときにすぐに使えるように蓄積したもの（例：会社の顧客情報を蓄積した顧客データベースなど）。

Section ❷ 経営に関する知識

マーケティングや市場調査に関係する用語はよく出題されています。繰り返しチェックをしておきましょう。

◎**経営多角化** 　企業が**危険分散**を目的に、本来の経営活動以外の範囲にまで経営を拡大すること。

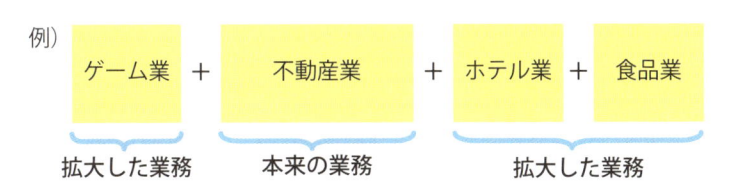

例) ゲーム業 ＋ 不動産業 ＋ ホテル業 ＋ 食品業

拡大した業務　本来の業務　　拡大した業務

◎**マーケティング**
（93回出題）

市場調査 → 製品計画 → 価格政策 → 販売促進 → 流通政策 → アフターサービス

これらすべての**一連の活動**をいう

◎**市場調査**	消費者が**何を好んでいるのか**、どんな商品やサービスを求めているのかを探る調査。
○コンシューマー・リサーチ （95回出題）	**消費者**（コンシューマー）を対象とした調査のこと。
○消費者ニーズ	消費者が持っている、現在や将来の生活に関する**要望**のこと。
○経営分析	**財務諸表**などを分析して、企業の経営状態が健全であるか否かを判断すること。

◎ 市場占有率 （マーケット・シェア）	各企業の属する特定の業界において、その企業の販売額や販売量が<mark>占める割合</mark>のこと（例：日本のビール市場でA社の占める割合「25％」など）。

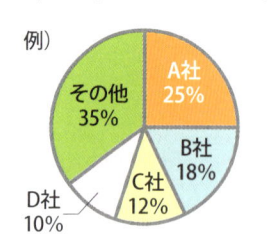

例）
- A社 25%
- B社 18%
- C社 12%
- D社 10%
- その他 35%

○ POSシステム	<mark>販売時点情報管理システム</mark>。商品のバーコードを読み取り、どの商品が何個売れたかがコンピューターに記録される。
○ コーポレート・アイデンティティー（CI）	<mark>企業イメージ戦略</mark>ともいわれる（例：社名変更や、シンボルマークを作りパッケージの統一をはかったりすること）。
○ マーケット・アナリシス	<mark>市場の規模、特性、動向</mark>などを<mark>分析</mark>すること。
○ シルバーマーケット	<mark>65歳以上</mark>の高齢者で構成される市場。
○ シングルマーケット	独身者や単身赴任者など、<mark>一人暮らしの人</mark>が生み出す市場。
◎ マーケット・セグメンテーション	<mark>市場細分化</mark>。消費者を性別・年齢別・職種別・地域別などに細分化してマーケティング活動を行うこと。
◎ ベンチャービジネス	<mark>新技術や独自の事業展開</mark>に基づき起業する小規模企業のこと。

◎プロジェクトチーム	ある**目的のため**の計画を遂行するために**随時作られる組織**（例：ビル建設のためのプロジェクトチーム）。
◎P・D・Sサイクル	企業経営は、①初めに熟考して**計画**を立てる、②次に**実施・行動**に移す、③実施した結果を**検討・反省**するというサイクルをたどる。

```
        Plan（計画）
           ↓              例）
    ↗          ↘         携帯テレビが
                         あったら便利
                         だろう
   See（検討） ← Do（実行）
                         携帯テレビを
 販売した携帯テレビ        市場に販売する
 が大きすぎる。小さ
 くしよう
```

○マーチャンダイジング	**商品化計画**と訳される。市場調査などを参考にして、合理的に販売促進策をとること。
スポンサー	広告主のこと。
◎公正取引委員会	公正かつ自由な競争の促進という**独占禁止法**の理想を達成し、適切な運用をはかるための行政機関。
◎寡占（かせん）	ある商品やサービスの市場が**少数の売り手**により支配されている状態のこと。

◎企業のピラミッド型	少数のトップから、多数の下部の従業員に、指示・命令が流れる組織のこと。

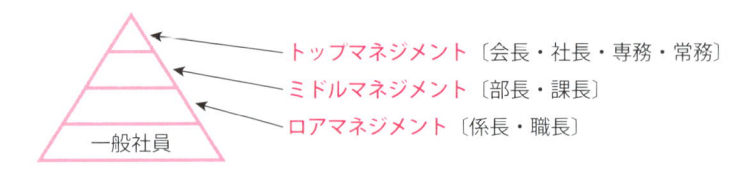

```
        /\
       /  \  ← トップマネジメント〔会長・社長・専務・常務〕
      /____\ ← ミドルマネジメント〔部長・課長〕
     /      \ ← ロアマネジメント〔係長・職長〕
    /__一般社員_\
```

◎トップマネジメント	企業の経営に関する最重要項目について決定する**経営者層**。会長、社長、副社長、専務、常務など。
◎ミドルマネジメント	トップマネジメントの指示・命令の下に業務を担当。**中間管理層**。部長、課長など。
◎ロアマネジメント	**最も低い管理層**で、ミドルマネジメントの指示・命令の下で業務を担当。係長、職長など。
○コマーシャリズム	**商業主義**と訳される。一般には、営利追求型の金もうけ主義を意味する。
○コマーシャル・ベース	**商業採算**のこと。企業は営利法人である以上、営利を追求することになり、採算が合わなければならない。
○セールス・プロモーション (94回出題)	**販売促進**のこと。ＳＰ(エスピー)ともいう。
○スケール・メリット	経営規模が大きくなるにつれて、**単位当たりの費用が低下**すること（例：全国チェーンのスーパーによる商品仕入れなど）。

○デベロッパー	都市開発を計画的に実行する企業のこと（例：不動産会社、鉄道会社）。
○経済三団体	・日本経済団体連合会（経団連） ・日本商工会議所（日商） ・経済同友会
◎ジョブ・ローテーション	職務転換。職務交替・教育配置のことで、社員の研修・能力開発を目的として、いろいろな部門を経験させること。
○ライン部門	企業にとって絶対に必要な部門。直接、収益を生み出す部門のこと（例：製造部、販売部など）。
○スタッフ部門	ライン部門を側面から助ける部門（例：総務部、人事部、秘書課など）。
◎就業規則 （99回出題）	職場のルール。服務規律や労働条件に関する諸規則がまとめられたもの。
○人事考課	従業員の勤務評定。従業員の仕事ぶり、仕事の能力、仕事の達成度などの評価。
◎出向(しゅっこう)	身分はいまの会社に在籍したままで、関連会社や、ほかの会社で業務に従事すること。
◎リストラ （リストラクチャリング）	企業の事業再構築（例：利益の少ない部門を廃止したり、新支店を開設すること）。

◎職場内訓練（OJT）	職場で必要な知識、技能を高めるため、上司などから日常業務を通して教育指導を受けること。On-the-Job Training。
◎職場外訓練（off JT）	日常業務を離れて行う職業訓練（例：社外で行われるセミナーや研修）。
○人事異動	昇進・昇格・降格、転勤、出向、配置転換などによって、従業員を適所に配置すること。
○フレックスタイム	勤務時間の自由選択制。労働時間を決め、出社・退社の時刻は従業員の自由に任せる。
○コアタイム	フレックスタイム制の中で、全員が共通して働くことになっている時間帯のこと。
○商標（99回出題）	自社の商品を他社と区別するために使用するマーク（例：味の素製調味料についている「味の素」というマーク）。
サービスマーク	サービスの提供者（企業など）が、他社と区別をするために使用するマーク（例：日本電信電話の「NTT」、ヤマト運輸の「親猫が子猫をくわえている」マーク）。
◎JIS	工業標準化法に基づいて作られる日本の国家規格（日本工業規格）のこと。合格品にはJISマークをつけられる。

◎エコマーク	**資源を再生利用**して作られた商品であることを示すマーク。日本環境協会が制定・認定している。
◎グリーンマーク	**古紙を原料**にした製品であることを示すマーク。古紙再生促進センターが制定・承認している。
○アウトソーシング	コスト削減を目的として、企業の業務のうち、一部を**外部の専門業者**などに委託すること（例：製造業の会社が物流を外部の運送会社に委託する）。
ヘッド・ハンティング （98回出題）	ほかの企業から、**優秀な人材を引き抜く**こと。

Section ❸ 会社に関する知識

会社における役職の名称や、「常務と専務では、どちらの職位が高いのか？」といった基本事項をしっかり押さえましょう。

◎**株式会社**　　　　株式を発行して、**不特定多数**の出資者（株主）から資金を集め、出資者は出資した金額だけの責任を負えばよい会社。

◎**株主総会**　　　　株主が集まって、その会社全体の運営について審議し、決定する会社の機関。

◎**上場会社**
（94回、102回出題）　**証券取引所**で株式が取引される会社。証券取引所で株式が取引されるには、一定以上の規模・業績などの要件を満たしていなくてはならない。

◎**会社の種類**　　　会社法で定められている会社の種類は、**株式会社、合名会社、合資会社、合同会社**の4種類である。

◎**定款**（ていかん）
（97回、99回出題）　会社の**根本規則**をいう。会社を設立するには定款を定め、公証人の認証を得なくてはならない。定款には、会社の基本的内容である目的、組織、事業所の場所などを記す。

◎**社是**（しゃぜ）
（99回出題）　会社の経営の基本方針、指針を示したもの（例：「会社の宝は社員」「顧客第一主義」）。

◎監査役	法律上の名称で、会社の業務執行について監督・検査をする。株主総会で選出される。監査役の業務は大きく分けて２つ。 ①**業務監査** 取締役や代表取締役の行為が、法律、定款に違反しているかどうかをチェックする。 ②**会計監査** 金銭面に誤りがないかを監督・検査する。
◎取締役	法律上の名称で**会社の役員**のこと。会社の経営は、取締役会が担当する。
◎取締役会	法律上の名称。会社の経営について議決する業務を担当する。つまり、会社の業務執行について**意思決定を行う議決機関**。取締役会の業務内容には、株主総会の招集、代表取締役の選任、新株の発行などがある。
◎常務会	法律上の名称ではない。**常務以上**で構成されるトップマネジメント。常務、専務、副社長、社長、会長などで構成される。
◎代表取締役 （100回出題）	**法律上の名称**で会社を代表する。取締役会で１名以上を選出する。代表取締役＝社長と理解している人もいるが、社長や会長は法律上の名称ではなく俗称。

○常務取締役	法律上の名称ではない。**取締役の中から選出**され、常務会の構成メンバーとなる。
○専務取締役 （100回出題）	法律上の名称ではない。取締役の中から選出され、常務会の構成メンバーとなる。**常務→専務→副社長→社長の順に地位が高くなる**。この地位の高低は、敬語を使用する際に配慮する必要がある。
○取締役社長	法律上の名称ではない。通常は**会社を代表する者を指す俗称**である。代表取締役は会社法上の名称であり、俗称の社長と必ずしも一致しない。取締役社長の中でも、代表権を持つ代表取締役となっている者もいれば、なっていない者もいる。
○頭取	銀行の代表者。株式会社の代表取締役に相当する。
○取締役会長	法律上の名称ではなく、会社の役職名。一般的には**社長経験後**に会長職に就くことが多い。取締役会長が代表権を必ずしも持っているとは限らない。
◎商号 （97回出題）	**会社の名前**のこと（例：「株式会社KADOKAWA」）。
◎M＆A	**企業の合併・買収**のこと。M＆Aは、Mergers and Acquisitions（合併と買収）の略。

増資・減資	増資とは会社の**資本金**を増やすこと（例：新株発行）。減資とは資本金が減少すること。
無配株・有配株	無配株とは、上場会社で株式の配当をしていない株式のこと。有配株とは株式の配当をしている株式のこと。
○増配・減配	増配とは株式配当金が増加すること。減配とは株主への株式配当金が減ること。
○合弁会社	複数の企業が**共同出資**して設立した会社。共同出資の形態は国内企業間の場合と、国内企業と国外企業との間の場合とがある。
公益法人	慈善事業、学術、宗教などの**公益（不特定多数の利益）を目的**とし、個人の利益を目的にしない法人のこと。
顧問	会社・団体などで、専門知識や社内経験に基づいた実務的な助言をする役職。
相談役	会社の経営に助言をする役職。社長や会長などが経営の第一線を退いたあとに就くことが多い。

Section ❹ 財務に関する知識

難しそうに感じられるかもしれませんが、必ず覚えましょう。わかりにくいものは、イメージで覚えやすいように図にしてあります。

◎**財務諸表**
（102回出題）

株主はじめ**利害関係人**に経営状況などを報告するために作成される計算書類のこと（例：**貸借対照表**、**損益計算書**、**キャッシュフロー計算書**など）。

◎**貸借対照表（B／S）**
（95回、102回出題）

バランスシートともいう。企業の財政状況を明らかにするために作成され、決算期の**資産・負債・純資産**の内容を表す計算書類。

　　純資産 ＝ **資　産** － 負　債

○**キャッシュフロー**

会社の**現金**（キャッシュ）の流れ（フロー）と収支のこと。具体的には、営業活動や経費として実際に支出した現金と、売上げによって入ってきた現金の動きのこと。

◎**キャッシュフロー計算書（C／F）**

一会計期間における**資金の増減**を表示する計算書類。上場企業には、財務諸表のひとつとして作成が義務づけられている。

◎**減価償却**

土地以外の建物・機械・設備には耐用年数がある。そのため、耐用年数に応じて、**各会計年度に費用として配分**する会計処理（例：耐用年数4年のパソコンを20万円で購入した際は、4年間かけて費用を計上する）。

| ◎損益分岐点 | **売上高と総費用が等しくなる点**をいう。売上高が総費用を超えると利益の発生、総費用が売上高を超えていると損失が発生している。 |

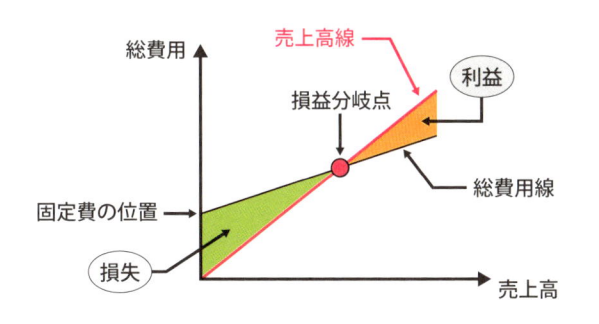

グラフ：縦軸「総費用」、横軸「売上高」。売上高線（赤）と総費用線。両線の交点が損益分岐点。交点の左側の緑領域が「損失」、右側のオレンジ領域が「利益」。「固定費の位置」も示されている。

◎損益計算書（P／L） （102回出題）	ある一定期間、たとえば4月1日から3月31日まで、1年間の企業の経営成績（損失と利益）を明らかにする計算書類のこと。損益計算書の「損」とは一定期間の損失のことであり、「益」とは一定期間の利益のこと。
◎引当金	**将来**の特定の目的のために、支出や費用にあてられる見積計上額（例：退職給付引当金、修繕引当金）。
◎一般管理費	**企業全般**の事業経営に必要な経費（例：人件費、交通費、通信費など）。

○資産	企業が持っている財産・権利。いわばプラスの財産（例：現金、商品、土地、建物、車など）。
○負債	企業が抱える借金のことで、いわばマイナスの財産（例：借入金など）。
○純資産	資産（金銭、土地、建物など）から負債（借入金など）を差し引いたもの。

純資産 ＝ 資 産 － 負 債

◎固定資産 （93回、98回、102回出題）	**長期（1年を超える）**にわたり、企業が営業活動のために所有・使用する財産（例：土地、建物）。
◎流動資産 （98回、102回出題）	**短期間（1年以内）**に現金化されて、支払いにあてられるものをいう（例：現金、預金）。
流動負債	**短期（1年以内）**に返さなければならない借金のこと（例：短期借入金、買掛金、預り金）。
○固定負債	期限が**1年を超える**負債（例：社債、長期借入金）。

◎円高・円安	円の外国通貨との**交換比率**が高まるのが円高。より少ない日本円で外国通貨と交換できるようになる（例：1ドル＝125円から1ドル＝100円となれば、25円の円高。反対に、1ドル＝100円から125円となれば25円の円安）。
○貿易収支	**モノの輸入と輸出**で発生する外国との支払い・受け取りの国の収支。
○貿易外収支	貿易以外の外国との**目に見えないサービスの取引**の国の収支。運輸、保険、旅行、投資などのサービスの取引の収支。
○付加価値 （94回出題）	**企業の実質的な稼ぎ高**をいい、企業が経営活動を通じて自ら生み出した利益。企業は付加価値（純利益）を拡大するために努力しているといえる。たとえば、「ビーズアクセサリー」は、ビーズや糸が原材料。これにデザインを加えてアクセサリーを作り、原材料より高く売ると、利益が発生する。この利益が付加価値。
名目賃金	労働者が労働の対価として、**賃金として受け取る金**。実質的な貨幣価値はたえず変化するので、名目賃金は実際の購買力を示さない。

実質賃金	労働者が受け取る貨幣額で示される金額を、そのときの**消費者物価指数**で割ったもの。現実の購買力を示す賃金。
買掛金(かいかけ)・売掛金(うりかけ)	買掛金は、商品を売買契約に基づいて買ったが、まだ**支払っていない代金**のこと。 売掛金は、商品の売買契約に基づいて商品を売ったが、まだ**受け取っていない代金**のこと。
○棚卸し	在庫の商品・製品などについて**種類・数量を調査**すること。
○融資 (98回出題)	銀行などの金融機関が資金を貸し出すこと。
◎連結決算	親会社と子会社は、それぞれ別法人だが、**グループ全体**としてまとめて経営内容を明らかにする決算方式。

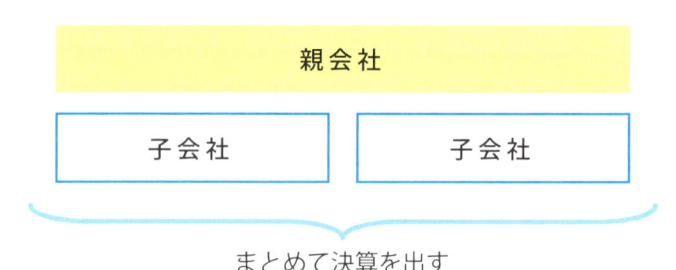

```
┌─────────────────────────┐
│         親会社          │
└─────────────────────────┘
┌──────────┐  ┌──────────┐
│  子会社  │  │  子会社  │
└──────────┘  └──────────┘
      └───────┬───────┘
       まとめて決算を出す
```

○**財務分析**	財務内容をもとに、企業の経営効率や健全性などを考察する経営分析のひとつ。
◎**社債** （99回出題）	会社が**長期資金調達**のために発行する債券。
○**公定歩合**	日本銀行が、金融機関に資金を貸し出すときの**金利**の名称。現在、日銀はこの名称を廃止し「基準割引率および基準貸付利率」としている。

PART❸ 理論編 一般知識

Section 5 法律に関する知識

企業活動にかかわる書類の名称、印の種類と使用目的をしっかり覚えておきましょう。印の種類は図もあわせて覚えてください。

◎収入印紙　　**国が発行する証票**で、税金や手数料の納付に際して利用する。郵便局など、切手類を取り扱うところで売っている。印紙税法により、収入印紙を貼るものとしては、**契約書、領収証、約束手形**がある。

◎契約書　　契約は口約束だけで成立するが、口約束だけでは後日、当事者の間で紛争が生じる危険があるので、予防するために契約書を作成する。契約内容によっては**収入印紙を貼る**ことが必要。

◎領収証　　代金を受領する際に、受領したことを証明する受取証。金額によっては、**収入印紙を貼る**ことが必要。

◎委任状　　ある一定の事項を委任したことを示す文書。**収入印紙を貼る必要はない。**

◎請求書　　売買をしたときに、品物の代金を請求するための文書。**収入印紙を貼る必要はない。**

◎督促状　　契約が成立しているにもかかわらず、その契約内容が履行されないときに、履行を督促する文書のこと。

◎抵当
（98回出題）

債務の保証にあてるもの。土地や建物など、**担保**のこと。

◎内容証明郵便

同じ書面を**3通作成**し、差出人・受取人・郵便局が1通ずつ所持する。送付した内容は、郵便局が保管するので、容易に証明することができる。受取人に発送するときには、**書留**にする必要がある。

○戸籍謄本（とうほん）

戸籍の原本を**全部**、転写した公文書。父母・兄弟・姉妹など、家族全員を含んでいる。「戸籍抄本（しょうほん）」は戸籍謄本の**一部分のみ**、たとえば自分に関する部分だけを転写した公文書。

○契印

文書が2枚以上になる場合、差し替えられないように、**正当に作成**された文書であることを示すために押す印をいう。

例）

両ページにわたるように押印　　折りまげて押印

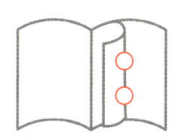

○訂正印
（95回出題）

文書の字句を**訂正**するとき、訂正することのできる者が訂正したことを明らかにするために、訂正部分に押す印をいう。

例）

赤で二重線を引き、そこに押印して訂正

○ **捨て印（捨印）**
(95回出題)

将来、文書の字句を訂正する必要がある場合のために、**あらかじめ**文書の欄外に押す印。文書に軽々しく捨印を押しておくと、知らないうちに、捨印を利用されて文書内容を変更されてしまう危険性があるので注意する。

○ **消印**
(94回、95回出題)

領収書などの文書に貼った収入印紙の**再利用を防止**するために、印紙と台紙にまたがって押印すること。

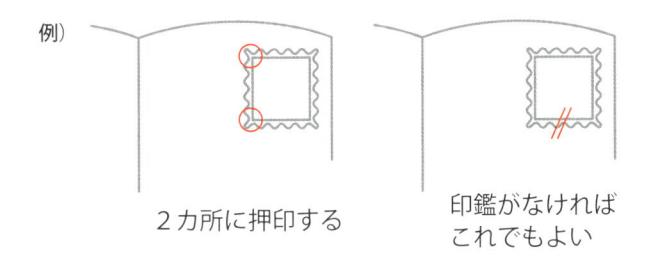

例）

２カ所に押印する　　　印鑑がなければこれでもよい

○ **封印**
(95回出題)

重要書類などの入った**封筒の合わせ目**に、勝手に開けられないように押す印。

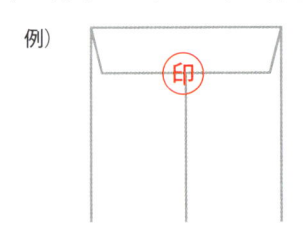

例）

○ **実印**

個人が市区町村に登録した印鑑のこと。車や家の購入時など、重要な契約を行うときに必要となる。実印の証明が必要なときには印鑑証明書をとる。

○認め印 （認印）	通常の契約において**一般的**に利用される印。簡単に入手できる市販の印鑑を使ってよい。宅配便の受け取りで使うのも認め印。
○公印 （95回出題）	会社や役所などの**公的**な印。**公務**で利用される印。
○割印	複数の書類が互いに関連することを証明するため複数の書類にまたがって押す印。

例）

印
契約書

登記 （99回出題）	不動産登記簿に**土地・建物**を登録すること、および商業登記簿に会社を登録すること。
約款（やっかん）	契約で定めた条項をいう。
○債権・債務 （98回出題）	債権とは、相手方に一定の財産・金銭などを請求できる権利をいう。債務とは、相手方に金銭・財産などを供給する義務をいう。

債権者（貸し主） → 5000万円 → 債務者（借り主）

債権者＝貸し主……5000万円の返還を請求する権利を持っている。
債務者＝借り主……5000万円を返還する義務を負っている。

Section 6 カタカナ用語・略語

3級・2級の受験者は○と◎を、準1級の受験者はすべて(無印を含む)をマスターしておきましょう。

○ コピーライト　　　著作権のこと。

○ トップダウン　　　上意下達。上位の者の意志や命令を、下位の者に徹底させること。反対語は「ボトムアップ」。

○ ASEAN　　　　　東南アジア諸国連合の略。
（101回出題）

◎ エージェント　　　代理人・管理人と訳される（例：旅行代理店）。
（95回出題）

○ リーダーシップ　　統率力や指導力のこと。

◎ クライアント　　　顧客や依頼主のこと。すなわち、客のこと（例：広告代理店の依頼主は広告主。公認会計士の顧客は会社など）。
（95回出題）

オペレーション　　　操作、運転。
（96回出題）

ベースアップ　　　　賃金（基本給）の水準を引き上げること。
（98回出題）

○ オプション　　　　選択権、または自由選択と訳される。契約内容に従って、自由に選択して売買できる。

○ガイドライン （102 回出題）	指導目標、政策などの**指針**のこと。
ダイレクトメール （DM）	企業などが特定の消費者に対して、直接手紙やはがきを送付する**広告の手段**。
○イニシアチブ	**主導権**。
○イノベーション	**技術革新**、革新。
シンクタンク	**頭脳集団**。専門家・研究者を集めて研究調査などを行う組織のことをいう。
キーマン	その問題の**中心となる人物**のこと。
ドロップアウト	**脱落**すること。
◎ポリシー	政策、政略、**方針**のこと。
○モチベーション （94 回出題）	人が、自ら活発に行動すること。動機づけともいわれている。
○イマジネーション （94 回出題）	**想像力**。
○リース （99 回出題）	機械などの長期的な**賃貸借**（契約）。
○メソッド （93 回出題）	**方法**、方式。

○クオリティ （93回出題）	**品質**、質。
○ディスプレー （93回出題）	**展示**。
コミッション	**手数料**や**歩合**など、販売業者や仲介者に支払う報酬のこと。
◎ロイヤリティー	特許権**使用料**。特定の権利を持つ者に対して支払う対価のこと。
トレードマーク	**商標**。
○エグゼクティブ	会社を経営する**重役**のこと（例：常務、専務、社長、会長）。
キャッチフレーズ	広告などで相手に強い印象を与えるために使う、**短い効果的な言葉**。
スポークスマン （101回出題）	団体、国などの**意見を発表する人**のこと。
レセプション	**歓迎会**のこと。
キーポイント	物事の**主要な点**。
○バリアフリー	**障害物を取り除き**、体の不自由な人や高齢者、車イスの人や足腰の弱い人たちが生活に支障が出ないようにすること（例：出入口の段差をなくすこと）。

◎クーリング・オフ	訪問販売やキャッチセールスなどで商品を購入したり契約したあとでも、一定の期間なら、**契約の撤回や解除**ができるという制度（例：訪問販売なら8日以内に契約の解除可能）。
◎クレーム	**苦情**、文句。
○メンテナンス	機器類などの整備、保守、維持、点検のこと。
トレンド	**動向**、流行。
キャピタルゲイン	土地や株式などを購入額以上で売却した場合に生じる**利益**。
◎コンプライアンス	**法令遵守**。「企業のコンプライアンス」というと、企業が法令や倫理を守って企業活動をしているということ（法令遵守経営）。
プリペイドカード	**代金先払い**のサービスを受けるためのカード（例：図書カード、テレホンカード）。
メリット	長所、利点。
デメリット	短所、欠点。
コンタクト	接触すること、**連絡**すること。「取引先とコンタクトをとる」というように使う。
○オーソリティー （97回出題）	権威、**権威者**。

○オーガニゼーション	**組織**、機関。
○デリカシー	こまやかな心遣い。
マテリアル	材料、素材、原料のこと。
○フレキシビリティ	柔軟で融通のきくこと。
◎インフラストラクチャー（インフラ）	道路、上下水道、通信、鉄道、公共の施設など、**産業や社会生活の基盤**となるもののこと。
○ダンピング	商品を**不当な安値**で販売すること。
ネガティブ	**消極的、否定的**なこと。反対語は、「ポジティブ」。
グレード	**等級、階級**のこと。

Section ❼ 税務の知識

「直接税の代表的なものは何か」「間接税の代表的なものは何か」を言えるようにしておきましょう。

○直接税	税金を納付しなければならない者が自分自身で支払う税金（例：**所得税、法人税**）。
○間接税 （93回出題）	税金を負担する者（購買者など）が、自分自身では直接、納めない税金のこと。たとえば酒を買ったときには、客（税負担者）は税金を代金と同時に店（納税義務者）に支払い、店はこの税金をあとで納付するしくみとなっている（例：**酒税、消費税、入湯税**）。
○所得税	**個人の所得金額**に課せられる税金。法人税とともに、日本の税制の中核となる税金である。
○法人税	**会社の各事業年度の所得**に課される、国の税金のこと。個人に所得があると、所得税が課されるが、会社に所得があると法人税が課されることになる。
○累進課税 （93回出題）	**所得が高くなるにつれて**、税金の**負担額が増える**制度（応能負担）。

◎源泉徴収	所得が支払われる際に、支払者があらかじめ所得税を<mark>天引き</mark>して税金を納めることをいう。所得税を差し引かれる例として、給与、退職金、利子などがある。
○確定申告 （93回出題）	納税義務者である個人・法人が<mark>所得と税額を自ら算出</mark>して、税務署に申告すること。
○青色申告	事業所得、不動産所得、山林所得のある者が、毎日の取引を決まった方法（複式簿記など）で帳簿に記載することにより、<mark>正しい所得税や法人税を計算</mark>して申告すること。もともと申告用紙が青色であったため、この名称がついた。
◎年末調整	会社員の所得税は、毎月の給与から仮定の概算で源泉徴収されているので、年末に正確な額を算出し、<mark>過不足分を調整</mark>すること。
印税 ※注　印税は税金の一種ではないが、「〜税」という名称なので、ここに収録した。この違いが出題される可能性がある。	出版社が著者に支払う<mark>著作権使用料</mark>のこと。

Section ⑧ 小切手と手形の知識

この項目が苦手だという受験生は多いですが、深いところまで聞いてくるような問題は出てきません。それぞれの特徴を押さえましょう。

◎小切手

振出人が、受取人からの請求に対する支払いを支払人（銀行等）に**委託した証券**をいう。小切手の受取人は、支払人に請求し、振出人の預金口座（当座預金）に残高があれば、小切手金額を支払ってもらえる。

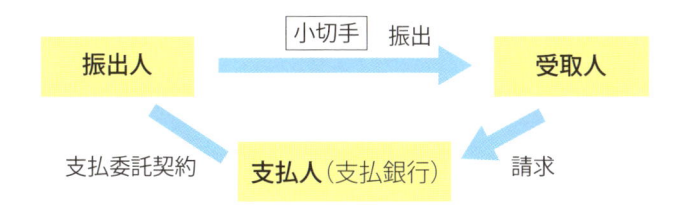

振出人 ──小切手 振出→ 受取人
振出人 ←支払委託契約─ 支払人（支払銀行） ←請求── 受取人

◎当座預金
（101回出題）

小切手の振出人が、支払人（支払銀行）と**支払委託契約**を締結し、支払人（支払銀行）に預けておく預金。小切手が振り出されると、いつでも引き出され、無利息である。

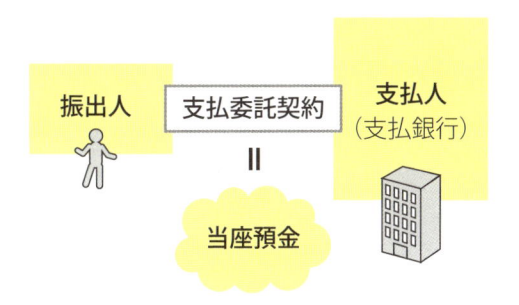

振出人 ─支払委託契約＝当座預金─ 支払人（支払銀行）

○**先日付小切手**
（先付小切手）

実際の振出日より先の日付を振出日とした小切手。小切手の所持人から支払請求があった日に、支払人（支払銀行）の当座預金に残高がないと、不渡りとなってしまう。そこで、当座預金に入金できそうな日を振出日とした先日付小切手を振り出す場合がある。

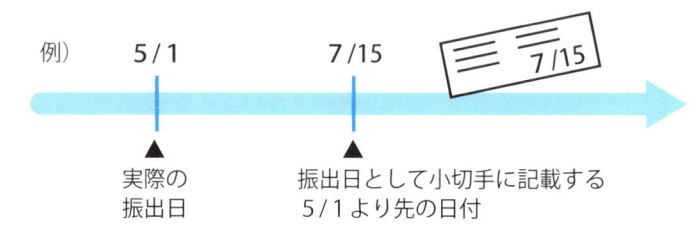

例）　5/1　　　7/15　　　7/15

実際の振出日　　振出日として小切手に記載する 5/1より先の日付

○**線引小切手**
（横線小切手）

表面に2本の平行線を引いた小切手。小切手を落としたり、盗まれたりすると、不正な取得者に金が支払われる恐れがある。それを防止するために考えられた。

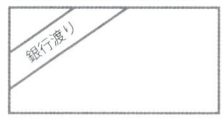

一般線引小切手

銀行渡り　　銀行

手形受取人	振出人から手形を受け取る者として記載された人や会社。
振出人	手形・小切手を発行する人、または会社。

◎約束手形	振出人が一定の期日（例：満期6月15日）に一定の金額（例：手形の額面1000万円）を、名宛人（例：受取人）またはその指図人（例：受取人から手形を買った人）に**支払うことを約束した証券**。

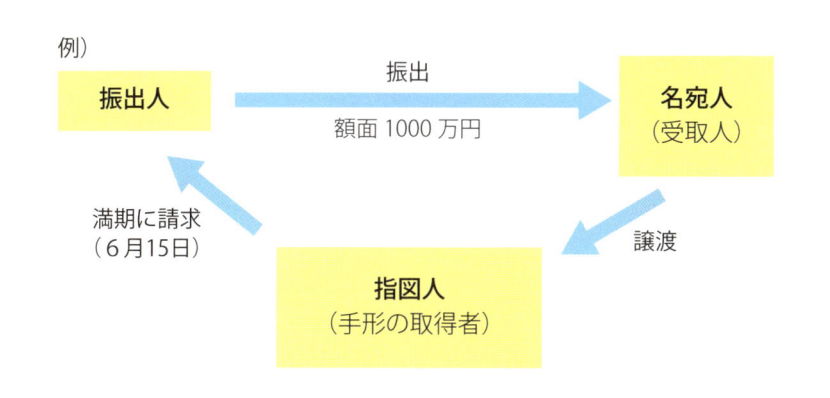

例）

```
振出人 ──振出──→ 名宛人
  ↑    額面1000万円   （受取人）
  │満期に請求              │
  │（6月15日）             │譲渡
  │                        ↓
  └─────── 指図人
           （手形の取得者）
```

◎裏書	手形や小切手などを他人に譲渡するときに、**裏に所持人が譲渡した旨の署名**をすること。
◎有価証券	手形、小切手、株券、商品券など、**財産権を表示し、譲渡できるもの**。
◎不渡手形	手形をもって支払請求をしたが、**支払いを拒絶された**手形をいう。6カ月内に2回の不渡手形を出すと、振出人（会社）は2年間の取引停止処分になり、事実上の倒産となる。

◎手形割引　　　　　　**支払期日（満期）以前**に、金融機関などが、手形額面から利子相当額を差し引いて買い取ること。

例）満期8月25日の手形を満期前に買い取る場合

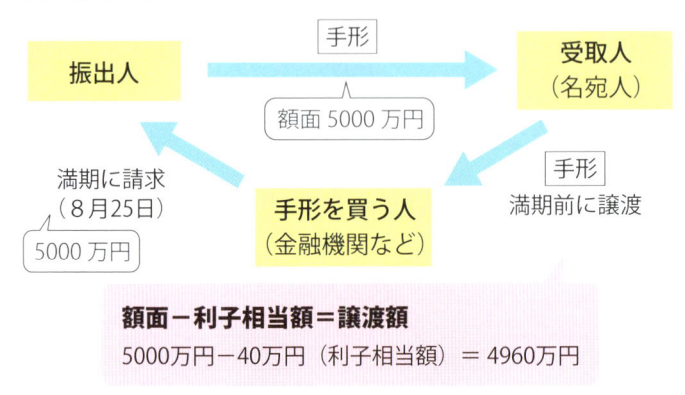

振出人 →［手形］→ 受取人（名宛人）
額面 5000万円
受取人 → 手形を買う人（金融機関など）　手形 満期前に譲渡
手形を買う人 → 振出人　満期に請求（8月25日）　5000万円

額面－利子相当額＝譲渡額
5000万円－40万円（利子相当額）＝4960万円

※支払期日までの利子を40万円とした場合

債券　　　　　　　　国・地方公共団体・会社が借金をする際に発行する有価証券。転々と自由に譲渡される。国が発行するものを**国債**、地方公共団体が発行するものを**地方債**、会社が一般の人から借金をするために発行するものを**社債**という。

【国債のイメージ図】

国（借り主） ← 借金（お金） ← 国民（貸し主）
国（借り主） → 借用証（この借用証を「国債」という） → 国民（貸し主）

学習 MEMO

気づいたことはメモしよう！

合格体験記③

社会人としての準備はOK！

山本　智子（21歳）

準1級合格
川村学園女子大学　文学部2年

効率的な「繰り返し学習」を実践！

　私は、本書以外に大学の秘書検定試験の対策講座を活用して勉強しました。筆記試験の中で、特に苦労したのは一般知識です。この苦手分野の対策としては、『[最新版]【出る順問題集】秘書検定[記述式問題]の点数が面白いほどとれる本』（KADOKAWA 中経出版）の用語集を活用しました。通学時間を利用して暗記に取り組みましたが、1週目はまったくわからなかった内容でも、2週、3週と繰り返していくうちに、わかるようになっていきました。また、なかなか覚えられないところも、ノートに数回書くことによって、どんどん覚えることができました。

2人1組の練習で、自分の欠点を指摘してもらう

　講座の面接対策では、礼の仕方、自己紹介、報告、状況対応を分けてそれぞれ練習していき、最終的に面接試験の流れでできるようにしていきました。具体的には、2人1組になって、1人が受験者、もう1人が試験官役となって練習するという方法をとりました。

　報告の練習では、初めは報告内容を3分で覚えるようにし、次第に少しずつ時間を減らし、最終的には1分でできるまで練習しました。

　状況対応では、ペアの相手に問題を提示してもらい、それに対してスムーズに対応できるように練習しました。

　私の場合、講座の仲間がいるということで、「みんなに負けないように勉強しなくては」と思うようになりました。それと同時に、「みんなと一緒に頑張りたい！」とも思いました。身近に一緒に受験する友達を作るというのは、とてもよい方法だと思います。

PART 4

実技編
マナー・接遇

「マナー・接遇」の
傾向と対策

出題数が一番多い分野、正確に暗記しよう

「マナー・接遇」の分野では、来客の接待、言葉遣い、交際業務など、円満な対人関係を作るために、人との接し方の知識やマナーを学びます。

この分野からの出題数が最も多く、「必要とされる資質」や「職務知識」と異なり、敬語などは暗記し、慣れることによって正解に達することができます。

一般常識的な内容も含まれていますので、秘書検定受験のためだけでなく、自分のためにもしっかりマスターしましょう。

出る順ランク

Aランク

Section ❶ 尊敬語・謙譲語の基本（112 ページ）
Section ❷ 来客対応の言葉遣い（115 ページ）
Section ❸ 上司への言葉遣い（121 ページ）
Section ❹ 電話応対（124 ページ）
Section ❺ 弔事のマナーと上書き（126 ページ）
Section ❻ 贈答マナーと上書き（130 ページ）
Section ❼ 結婚祝いの上書き（134 ページ）
Section ❽ 慶事の種類とパーティーマナー（135 ページ）

B ランク ★★★★☆

Section ❾ 効果的な説得の仕方（139 ページ）
Section ❿ 忠告をする・受ける（141 ページ）

C ランク ★★★☆☆

Section ⓫ 報告は迅速かつ正確に（143 ページ）
Section ⓬ 上手な話し方（145 ページ）
Section ⓭ 説明の仕方・断り方・苦情処理（147 ページ）
Section ⓮ 来客の案内・対応で気をつけること（150 ページ）

D ランク ★☆☆☆☆

Section ⓯ お茶の出し方と料理の種類（159 ページ）

「マナー・接遇」の出題数

	3級	2級	準1級
択一式（マークシート）	10問	10問	5問

Section ❶ 尊敬語・謙譲語の基本

A ランク

「マナー・接遇」の分野で、択一式問題（マークシート）、記述式問題ともに最も出題の多い項目です。基本を理解すれば必ず解ける問題ですから、満点をめざしましょう。

❶ 尊敬語

相手に敬意を表して、その動作や状態に対して、持ち上げる表現をするのが尊敬語です。

パターン1　日常の言葉を尊敬語に変える
　例）する→なさる

パターン2　日常の言葉に「れる」「られる」「お……になる」「ご……になる」をつける
　例）会う→お会いになる
　　　行く→行かれる
　　※「れる」「られる」よりも「お……になる」「ご……になる」のほうが、強い尊敬の表現となる。

❷ 謙譲語

謙譲語は、自分のことや自分側の人（身内や社内の人）のことについて、へりくだった表現をして、間接的に相手への敬意を表します。
　例）行く→参る、伺う

❸代表的な尊敬語と謙譲語

基本動作	尊敬語	謙譲語
いる	いらっしゃる おいでになる	おる
行く	いらっしゃる おいでになる★	参る 伺う
来る	いらっしゃる お見えになる	参る 伺う
訪ねる	いらっしゃる	おじゃまする
見る	ご覧になる	拝見する★
聞く	お耳に入る	拝聴する★ 伺う
借りる	借りられる	拝借する★
もらう	お受けになる	ちょうだいする いただく たまわる 承る
見せる	お見せになる	お目にかける ご覧になる
会う	お会いになる	お目にかかる
知る	ご存じ	存じ上げる
する	なさる	いたす
言う	おっしゃる	申す
食べる	召し上がる	いただく
与える	たまわる くださる	差し上げる
思う	思し召す	存ずる

★印は、この3年以内に出題されています。

出る順テスト

次は秘書A子の言葉遣いである。中から適当と思われるものを選べ。

1) さっき営業部長が課長を探していたということを「先ほど営業部長が課長をお探しになっていらっしゃいました」。
2) 上司の外出中に上司の知人という人が訪ねてきたとき、「ただ今、外出されていますが、いかがいたしましょうか」。
3) 上司へ、来客が本を忘れて帰ってしまったということを「お客様が本をお忘れになってお帰りになられましたが」。
4) 予約客（佐藤氏）を応接室に案内したことを「お約束の佐藤様が参られましたので、応接室にお通しいたしました」。
5) 予約客との面談の時刻に遅れて帰社した上司に「お客様が先ほどからお待ち申し上げております」。

解答と解説

1) 社内の人との会話であるため、敬称（部長、課長）をつけて呼んでいいです。なので、これが適当です。
2) 外部の人に対して、身内である上司の外出を「外出**されて**います」と尊敬表現しているので不適当。謙譲表現の「外出**いたして**おります」などと表現すべきです。
3) 「お帰りになられました」が、「お……になる」「れる」の二重の敬語表現になっています。「お帰りになりました」か「帰られました」が正しいです。
4) 「参る」は謙譲語なので不適当。「お見えになりました」が正しいです。
5) 「お待ち申し上げております」は謙譲表現。「お待ちになっていらっしゃいます」が正しいです。

解答　1)

Section ❷
来客対応の言葉遣い

A ランク ★★★★

ここでは接遇用語について学びます。接遇用語とは、来客のもてなしや接待の際に使う用語のことです。来客対応に必要不可欠なものですから、しっかりマスターしておきましょう。

❶よく出題される接遇用語

普通の言い方	接遇用語
ぼく　わたし　わたしたち	私（わた**く**し） 私ども（わた**く**しども）
この人　あの人	こちらの**方**★　あちらの**方**★
すみません	申し訳ございません
いま	ただいま
あとで	後ほど　あらためて
ちょっと	少々　しばらく
できません	いたしかねます できかねます
わかりません	わかりかねます
わかった	承知いたしました かしこまりました

★印は、この3年以内に出題されています。

❷その他の接遇用語

普通の言い方	接遇用語
誰ですか	失礼ですが、どちら様でいらっしゃいますか
何の用ですか	失礼ですが、どのようなご用件でいらっしゃいますか
誰に用ですか	誰をお呼びいたしましょうか
名前は何て言うんですか	失礼ですが、お名前をお聞かせ（お教え）願えませんでしょうか
名前は何と読むんですか	失礼ですが、お名前は何とお読みすればよろしいのでしょうか
約束はしていますか	失礼ですが、お約束はいただいておりましたでしょうか
用件は聞いていますか	ご用件は承っておりますでしょうか
何とかなりませんか	ご配慮願えませんでしょうか
〜してくれませんか	〜していただけませんでしょうか
どうですか	いかがでございますか
よく来ましたね	ようこそおいでくださいました
別れの挨拶 （客を見送るとき）	では、失礼いたします ごめんくださいませ
別れの挨拶 （同僚を見送るとき）	お疲れさまです

別れの挨拶 （後輩を見送るとき）	お疲れさまです （「ご苦労さまです」でもよい） ※「ご苦労さまです」は、自分より目下の人への言い方。
別れの挨拶 （自分の会社の役員を見送るとき）	お疲れさまでございました
せっかく来てくれたのに	わざわざお越しいただきましたのに
待っててください	申し訳ございませんが、少々お待ちいただけませんでしょうか
ここに座って待っててください	こちらにおかけになってお待ちくださいませ
いま、聞いてきます	ただいま、聞いてまいります
いま、出かけてます	ただいま、外出いたしております
忙しいんですけど	取り込んでおりますが
別の日にしてほしいんですけど	後日、あらためてお約束させていただきたいと存じますが
こっちから連絡します	こちらからご連絡いたします
また来てください	またお越しください（お運びください）
伝えておきます	申し伝えます

❸ 接遇用語を使った例文

普通の言い方	接遇用語を使った言い方
○○は、いま忙しいので、別の日にしてもらいたいと言っています	○○はただいま取り込んでおりまして、後日あらためて**お**約束をさせていただきたいと申しておりますが、いかがでしょうか
○○は、いま出かけてますけど、すぐ戻ると思います。どうしますか	○○はただいま外出**いたして**おりまして、まもなく戻ると存じますが、いかがいたしましょうか
××さんに、会社の人から電話です	お話し中、失礼いたします。××**様**に会社から**お**電話でございます
私ではわからないので、ほかの人と代わります	私ではわかりかねますので、担当の者に代わります。少々お待ちください
よければ私が話を聞きます	よろしければ、私が代わりに**ご**用件を承りますが、いかがでしょうか
あとでまた来てもらえませんか	申し訳ございませんが、後日あらためて**ご**足労（お越し）願えませんでしょうか
ちょっと電話の声が聞こえないんですけど	少々お電話（お声）が遠いようですが
上司（○○）に聞いてから電話します	○○に確認いたしましてから、**ご**連絡させていただきます

❹職場での上司の呼び方

相手	上司の呼び方
社内の人に対して	敬称そのものが敬意を表すので「さん」はつけない 　○：山田課長、山田さん 　×：山田課長さん
社外の人に対して	姓を呼び捨てにする 　○：山田は、課長の山田は 　×：山田課長は、山田さんは

接遇用語が
スラスラ出てくるように
慣れておこう!!

承知いたしました

出る順テスト

次は秘書A子（近藤部長秘書）の来客への言葉遣いである。中から適当と思われるものを選べ。

1）面談が終わって帰る客に
「ご苦労さまでございました。お気をつけてお帰りくださいませ」
2）初めての来客に
「失礼ですが、どちらさまでございますか」
3）来客に少し待ってもらいたいときに
「そちらのおイスに掛けてお待ちください」
4）上司が外出しているときに不意の客が来たとき
「申し訳ございません。近藤はただいま外出されておりますが」
5）客の依頼を断りたいとき
「そのような件に関しましては、私どもではお受けいたしかねます」

解答と解説

1）〜4）の言葉遣いの一部には不適当なところがあります。正しい言い方に直すと、次のようになります。

1）お疲れさまでございました
2）どちらさまでいらっしゃいますか
3）そちらのイスにお掛けになってお待ちください
4）近藤はただいま外出いたしております

特に、1）の「ご苦労さま」は目下の人への言い方なので気をつけましょう。4）の「外出されております」は、「〜れる」型の尊敬語になるので、誤りです。

解答　5）

Section ❸ 上司への言葉遣い

Aランク

秘書が上司と話をするときの言葉遣いは、すべて尊敬語か謙譲語を使用します。正しい言葉遣いかどうかを問う問題が多いので、本書に載せてある言い換えの表は、確実に暗記しておきましょう。

近年、2級の試験に出題された、秘書の上司への言葉遣いの事例を見てみましょう。ある状況が説明されて、言葉遣いの具体例が示され、それがふさわしい言葉遣いかどうかを問う問題が多いです。

状況1 上司が取引先から会社に戻ってきたとき
「お疲れさまでございました」
「お帰りなさいませ」

状況2 前日、体調不良で早く退社した上司が、翌朝出社したとき
「お体の具合は、もうよろしいのでしょうか」
「お加減はいかがでいらっしゃいますか」

状況3 上司の昼食が終わったかどうかを確かめるとき
「ご昼食は、おすみになりましたでしょうか」

状況4 秘書が風邪で欠勤した翌朝、「大丈夫か」と聞かれたとき
「はい。ご心配いただきましてありがとうございます」

状況5 上司(部長)から雑誌を示され、「見るか」と聞かれたとき
「部長がご覧になったあとで、お貸しください」

状況6 風邪を引き、3日間会社を休んだ後に出社したとき
「おかげさまですっかりよくなりました。ご迷惑をおかけして申し訳ございませんでした」

🌀 上司への言葉遣いで、試験によく出るもの

普通の言い方	上司への言葉遣い
そんなことは聞いていません	そのようなことは**伺って**おりません そのようなことは**お聞き**しておりません
気に入ってもらえましたか	**お気に召して**いただけましたでしょうか
よければ、見てもらいたいのですが	**よろしければ、ご覧**いただけますか
この件を聞いていませんか	この件を**お聞き**になっていらっしゃいますか この件を**ご存じ**でしょうか
この資料を見たら、戻してください	この資料を**ご覧**になりましたら、お戻しください この資料を**お読み**になりましたら、お戻しください

戻ったよー

お帰りなさいませ

出る順テスト

秘書A子の上司（近藤部長）が外出中に、取引先のY社のX部長から電話があった。「至急会いたいので、明日時間をとってほしい」という内容だった。このようなとき、秘書A子はどのように上司に報告すればよいか。次の中から適当と思われるものを選べ。

1）「Y社のX部長からお電話があり、明日伺いたいとおっしゃられていました。どのようにいたしましょうか」
2）「Y社のX部長から、お会いしたいとのお電話がありました。お急ぎのようでしたので、明日の部長の予定を申し上げておきました」
3）「Y社のX部長から、明日こちらに伺いたいというお電話がありました。至急ということでしたが、どのようにお返事いたしましょうか」
4）「先日の商談の件で、Y社のX部長からお電話がありました。明日時間をとってほしいとのことでしたので、空いている時間を申し上げておきました」
5）「Y社のX部長からお電話があり、明日お会いしたいとのことでした。時間は部長の都合に合わせるとのことでしたのでお受けしておきました」

解答と解説

1）「おっしゃられている」は「おっしゃる」と「られる」の二重敬語ですから、この場合は「おっしゃっている」を使います。
2）4）上司の予定を勝手に取引先に教えてはいけません。
5）秘書は上司の承諾を得ないで面談を受け付けることはしません。このような場合は、相手の都合のよい時間を聞いておき、上司が戻ってから指示を受け、それから連絡するのがよいでしょう。

解答　3）

Section ④ 電話応対

Aランク

ビジネスにおいて、電話応対は必要不可欠な業務であり、顔が見えない分、厳しくマナーが問われます。正しい言葉遣いを覚えておきましょう。

近年、2級の試験に出題された、電話応対の言葉遣いを一覧表にしてみました。電話応対の言葉遣いは、慣れないと、とっさに出てきません。繰り返し声に出して読んで、自分のものにしてください。

電話応対の言葉遣いで、よく試験に出るもの

普通の言い方	電話応対の言葉遣い
誰ですか	失礼ですが、どちら**様**でいらっしゃいますか
いま席にいません	ただいま席をはずしております
ちょっと電話の声が聞こえませんが	少々お声（お電話）が**遠いよう**ですが
えっ、もう1回言ってください	恐れ入りますが、もう一度おっしゃっていただけませんでしょうか
ちょっと長くなりますが、こっちからかけますか、それとも待ちますか	少々長くなりそうですが、こちらからおかけ直しいたしましょうか、それともお待ちいただけますでしょうか
わかりました。電話番号を教えてください	はい、かしこまりました。恐れ入りますが念のため、お電話番号をお聞かせ願えますでしょうか
○○は、いま忙しいので別の日にしてもらいたいと言っています	○○はただいま**取り込んで**おりまして、後日あらためてお約束をさせていただきたいと申しておりますが、いかがでしょうか
○○は、いま出かけてますけど、すぐ戻ると思います。どうしますか	○○はただいま外出いたしておりまして、まもなく戻ると存じますが、いかがなさいますか
××さんに、会社の人から電話です	お話し中、失礼いたします。××**様**に会社からお電話でございます

私ではわからないので、ほかの人に代わります	私ではわかりかねますので、**担当の者**に代わります。少々お待ちください
よければ私が話を聞きます	よろしければ、私が代わりにご用件を**承ります**が、いかがでしょうか
上司（○○）に聞いてから電話します	（上司の）○○に確認いたしましてから、**ご連絡させていただきます**

出る順テスト

次は佐藤専務秘書A子の言葉遣いである。中から<u>不適当</u>と思われるものを選べ。

1）相手の声が聞き取りにくいとき
　「恐れ入ります。お電話が少々遠いようですが」
2）上司の留守中にかかってきた電話に対して
　「申し訳ございません。ちょっと席をはずしておりますが、いかがいたしましょうか」
3）上司が私用で休暇をとっているときに、他部署の社員からかかってきた内線電話で
　「専務は私用でお休みをとっていらっしゃいますが」
4）上司が外出中に、上司机上の内線電話が鳴ったので
　「はい、専務席でございます」
5）間違い電話だったとき
　「こちらは○○ですが、どちらにおかけでしょうか」

解答と解説

2）は、「ちょっと」という表現がおかしいです。「ただいま席をはずしております」と言ったほうがよいでしょう。3）は内線電話（社内の人同士）なので、上司に対して敬語を使ってもよいのです。

解答　2）

Section 5 弔事のマナーと上書き

弔事に関するマナーは、暗記項目も多くなりますが、繰り返し勉強することで、実力アップをはかることができます。

Aランク ★★★★★

❶葬儀の進行

①通夜（つや）	故人が家族と別れる最後の晩。通常、この翌日に葬儀が行われる。**供物は通夜に間に合うように手配**する
②葬儀	遺族が、故人の**冥福を祈る儀式**
③告別式	故人にゆかりのあった人が別れを告げる儀式。**一般参列者が焼香**をする
④火葬	亡くなった人の体を焼いて骨を拾って葬ること
⑤精進落とし（しょうじん）	火葬の夜に行う**慰労会**。喪主が葬儀関係者に対して、お礼の意味で接待をする

❷葬儀に関する用語

会葬（かいそう）	葬式に参列すること。喪服を着用する
喪主（もしゅ）	葬儀を行う際の主催者（執行名義人）
喪中	亡くなった人の身内が死を悼み喪に服している期間
弔問（ちょうもん）	死者の霊に挨拶し、遺族にお悔やみを述べるために訪問すること
社葬（しゃそう）	会社での功績が大きかった人が亡くなった場合に、**会社主催**で行う葬儀。費用は会社負担で葬儀委員長が取り仕切る
葬儀委員長	社葬など、規模の大きな葬儀において、喪主とは別に葬儀を取り仕切る人のこと

供物（くもつ）	神仏に供えるもの。宗教によって内容が異なる ・仏式　　　：お線香、果物、生花 ・神式　　　：果物、酒、榊（さかき） ・キリスト教式：白い生花
焼香（しょうこう）	仏式の葬儀で、死者の霊に香を手向（た）けること
玉串奉奠（たまぐしほうてん）	神式の儀式で、榊の枝に紙片をつけた玉串を神前に捧げる。根元を祭壇のほうに向ける
献花（けんか）	キリスト教式の儀式。白い生花（カーネーションなど）を、花を手前にして献花台に捧げる
法要（ほうよう）	追善供養のこと。一般に初七日、四九日などを行う
年回忌（ねんかいき）	死者の霊を弔う、仏式の行事 ・一周忌＝満1年 ・三回忌＝満2年 ・七回忌＝満6年 ・一三回忌＝満12年
弔電（ちょうでん）	お悔やみの電報。喪主あてに送る
御霊前（ごれいぜん）	不祝儀袋の上書き。宗教に関係なく使える
志（こころざし）	不祝儀の**お返し**に使う上書き
御布施（おふせ）	葬儀や法要の際に僧侶に渡すお礼

キリスト教式「献花」

白い花を時計方向に回し、祭壇に根のほうを向けて置く

神式「玉串奉奠」

玉串を時計方向に回し、祭壇のほうに根を向けて置く。二礼二拍手一礼をする（拍手は音を出さない）

❸弔事の上書き

　「上書き」とは、書状や箱などの表面に文字を書くこと、またはその文字のことをいいます。弔事のときには、供物や香典などを霊前に供えるときに薄墨で書き記しますが、宗教によって上書きが違ってきますので、混同しないようにしっかり覚えましょう。

宗教	種類	上書き	水引
仏式	通夜 葬儀 告別式	**御霊前**　御香典	結び切り
	香典返し	志　忌明（いみあけ（きあけ））	
	僧侶へのお礼	御布施	
神式	通夜	**御霊前**	
	葬儀 告別式	**御霊前**　御玉串料　御榊料（おんさかきりょう）	
	香典返し	志	
キリスト教式	通夜	**御霊前**	
	葬儀 告別式	**御霊前**　御花料（おはなりょう）　御花輪料	
	香典返し	志	

　なお、葬儀・告別式のときに、故人の宗教がわからないときは、共通で使える「御霊前」にします。

出る順テスト

次は秘書Ａ子が訃報を受けたときに確認していることである。中から<u>不適当</u>と思われるものを選べ。

1）死因
2）通夜の日時と場所
3）喪主の氏名、住所、電話番号
4）葬儀形式（宗教）
5）火葬の日時と場所

解答と解説

　訃報を受けた場合は、上司に報告するために１）〜４）までの項目と、逝去の日時を聞いておく必要があります。
　しかし、一般的には、よほど公私にわたって親しくしていた人でない限り、火葬にまでは立ち会いません。ですから、５）を聞く必要はありません。
　この問題は、記述式問題としても出題されています（239ページ参照）。「訃報を受けたときに秘書が確認すべきことを書け」という問題が出されたら、選択肢の１）〜４）を書けば正解です。

解答　５）

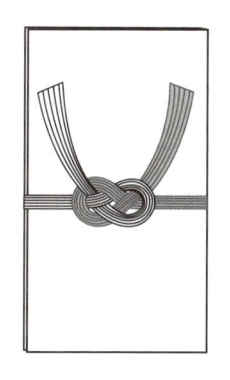

これも「結び切り」の水引です

Section 6 贈答マナーと上書き

慶事のときには、お祝い金やお祝いの品に上書きをします。試験では、「～のときの上書きを2つ答えよ」という形式で出題されることが多いですから、それぞれの種類と用語を覚えておきましょう。

❶慶事の上書き

慶事の種類	上書き	水引
結婚	寿　御祝　祝御結婚	結び切り
出産	寿　御祝　御出産祝	蝶結び
賀寿（がじゅ）	寿　御祝　長寿御祝 祝米寿　祝喜寿など （具体的な賀寿を入れる）	蝶結び
新築	御祝　祝御新築	蝶結び
上棟式（じょうとう）※	上棟祝　祝御上棟	蝶結び
一般の慶事 （入学、卒業、開店など）	御祝　祝御入学 祝御卒業　祝御開店	蝶結び
上記の慶事（出産～一般の慶事）での本人からのお返し	内祝	蝶結び

※「上棟式」とは、棟上げ式ともいわれ、建物の柱、梁（はり）などの骨組みが完成したあと、棟木（むなぎ）を取り付けて補強する際に行われる儀式のことです。

❷ そのほかの上書き

使用目的	上書き
転勤（栄転）	御祝　祝御栄転★　御餞別（おせんべつ）
一般の謝礼	御礼　薄謝
目下の人へのお礼	寸志（すんし）★
病気のお見舞い	祈御全快　御見舞
病気のお見舞いのお返し	快気祝（かいき）　全快祝　快気内祝（かいきうちいわい）
他家を訪問するときの土産	粗品（そしな）
祭礼の寄付	御祝儀　御奉納（ごほうのう）
交通費という名目で支払う謝礼	御車代
選挙事務所などへの慰労のための差し入れ	陣中御見舞

★印は、この3年以内に出題されています。

❸ 夏と冬の贈答時期

	上書き	贈る時期	水引
夏	御中元	7月上旬から7月15日まで	蝶結び
夏	暑中御見舞	7月15日過ぎから立秋まで	蝶結び
夏	残暑御見舞	立秋過ぎてから8月末まで	蝶結び
冬	御歳暮	12月1日から12月20日まで	蝶結び
冬	御年賀	1月松の内	蝶結び
冬	寒中御見舞	1月松の内過ぎから立春まで	蝶結び

※立春は2月4日、立秋は8月7日ごろ。松の内は松飾りのある間（通常1月7日まで）

❹上書きの書き方と水引

▶上書き

- 慶事のときは濃い墨、弔事のときは薄墨で書く
- 記名をするときは、中央に姓名を書く。ただし、連名にする場合は上位の人から順に、右側から記入する。なお、4名以上の場合は「○○　他△名」と書く
- 略式で名刺を貼付する場合には、左下に貼る

[部署で]　　　[連名（4名以上）]　　　[名刺を貼る]

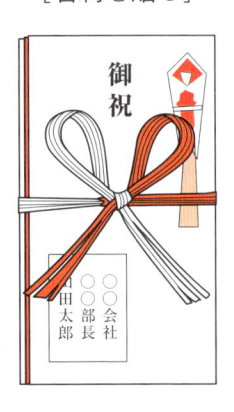

（総務課一同）　　（佐藤　明　他三名）　　（会社　部長　山田太郎　○○○）

▶水引

- 蝶結びは「繰り返す」という意味があるため、繰り返し祝いたい慶事（出産、長寿など）に用い、結び切りは繰り返したくない弔事に用いる。例外として、「結婚」のお祝いには結び切りを用いる

> 結婚祝いは結び切り！

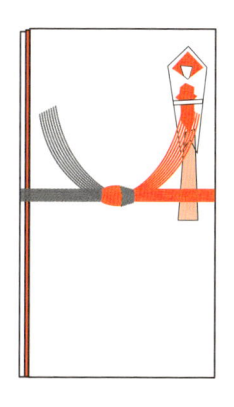

結び切り
一度だけが好ましいお祝い事
例）結婚祝い

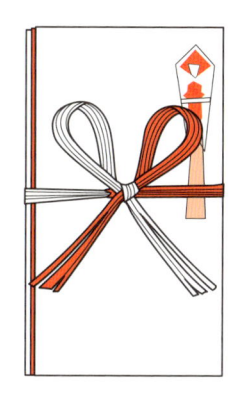

蝶結び
何度あってもうれしいお祝い事
例）新築祝い、入学祝い、出産祝い

出る順テスト

次は、上書きとその使い方である。中から<u>不適当</u>と思われるものを選べ。

1) 取引先の専務が還暦を迎えたので「寿」と書いた。
2) 新社屋落成記念の引き出物に「内祝」と書いた。
3) 上司の部下が大阪支店へ転勤になるので「御餞別」と書いた。
4) 新人研修の講師の先生にお礼として「薄謝」と書いた。
5) 取引先の担当者が転勤になるので「寸志」と書いた。

解答と解説

上書きの出題で、最も多いのが「寸志」です。これは、自分より目下の人に対して贈る場合にしか使いませんので覚えておいてください。

解答　5)

Section ❼ 結婚祝いの上書き

A ランク

結婚式関連では、秘書が結婚式の手伝いをするときのことも問われますが、秘書は「上司の手伝い」といった出席の仕方をすることになっています。また、祝儀袋の連名での書き方もよく出題されています。

出る順テスト

秘書A子（佐藤英子）と同じ秘書課に所属する先輩秘書（山田由美）が結婚することになったので、A子と先輩秘書（田中良子）、後輩秘書（鈴木妙子）の3人でお祝いをすることになった。次はその祝儀袋への名前の書き方である。中から適当と思われるものを選べ。

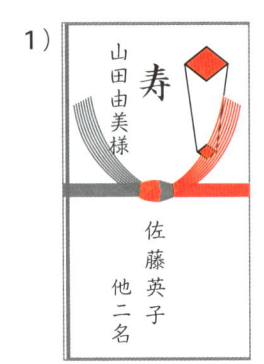

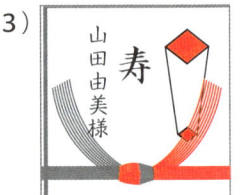

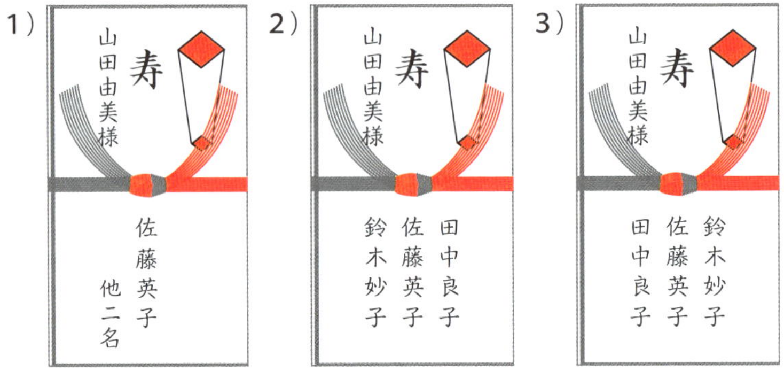

1）
寿
山田由美様
佐藤英子 他二名

2）
寿
山田由美様
田中良子 佐藤英子 鈴木妙子

3）
寿
山田由美様
鈴木妙子 佐藤英子 田中良子

解答と解説

左上に贈る相手の氏名が書かれている場合は、その名前に近い順で（左から）上位者の氏名を書きます。書かれていない場合は、右から順に上位者の氏名を書きます。1）の「佐藤英子　他二名」は4名以上の場合ですから、3名のときには不適当です。

解答　3）

Section ❽

慶事の種類とパーティーマナー

Aランク

秘書が仕事でかかわるパーティーにはいろいろなものがあります。上司主催のパーティーの準備だけではなく、上司が出席する際の準備も秘書の仕事です。

❶慶事の種類

- ▶社屋落成式
- ▶就任式
- ▶創立記念式典
- ▶叙勲(じょくん)（勲章を授けること）
- ▶賀寿（長寿のお祝い）

賀寿	読み	年齢	覚えるときのヒント
還暦	かんれき	60歳	干支(えと)は60年で1周する。還暦は数え年では61歳
古希	こき	70歳	「人生七十、古来稀なり」という詩に由来
喜寿	きじゅ	77歳	「喜」の草書体「㐂」が「七十七」に見える ★
傘寿	さんじゅ	80歳	「傘」の略字「仐」は「八十」と分解できる
米寿	べいじゅ	88歳	「米」という文字は「八十八」に分解できる
卒寿	そつじゅ	90歳	「卒」の略字「卆」は「九十」と分解できる
白寿	はくじゅ	99歳	「百」という文字から上の「一」をとると「白」

★印は、この3年以内に出題されています。

参考メモ

　上司が取引先の社長の70歳（古希）を祝う会に招待されたが、出席できない場合に送る祝電の文章の例。
「**古希**のお祝いを申し上げ、ますます**ご健勝**をお祈りいたします」

❷パーティーの様式

パーティーの様式についても過去に出題されています。様式の名称と開催される時間帯を覚えておきましょう。

パーティー様式の名称	時間帯	特徴
ランチョン・パーティー	正午～午後2時	**正式な昼食会**で、軽い食事をする
カクテル・パーティー	午後5時ごろ～約1、2時間	アルコールが主体のパーティーで、料理はオードブル形式。指定時間内の出入りは自由
ビュッフェ・パーティー	特に指定なし	立食形式のパーティー
ディナー・パーティー	午後6時以降	**晩餐会**(ばんさん)。席次や服装などに制約が多く、テーブルマナーも必要とされる

❸秘書としての服装

▶正装と略装（右ページのイラスト参照）

時間帯		男性	女性
午前から昼	洋装	モーニング （略装）ブラックスーツ	スーツ　アフタヌーンドレス
午後から夜	洋装	燕尾服（えんびふく）　タキシード （略装）ブラックスーツ	イブニングドレス （略装）カクテルドレス
午前から夜	和装	紋付羽織袴（もんつきはおりはかま） （染抜きの5つ紋か3つ紋）	未婚者…振り袖 既婚者…留め袖　訪問着

▶準礼服（受付などを担当する場合）

- 招待客ではなく、秘書として出席していることを自覚する
- 普段より少しあらたまったスーツなどを着用し、コサージュやスカーフなどで胸元を飾る（取りはずせるので便利）
- パーティー終了後に、業務に戻ることを念頭に置く

正装・略装の例

正装（男性）
- 紋付羽織袴
- モーニング
- 燕尾服
- タキシード

正装（女性）
- 留め袖
- 振り袖
- イブニングドレス
- アフタヌーンドレス

略装
- ブラックスーツ
- カクテルドレス

女性のパーティーの服装は、欧米では「露出が高いほどフォーマルである（格式が高い）」とされていますが、日本では、会社関連のパーティーなどに秘書として出席する場合は、少し肌の露出を控えめにしたほうがいいでしょう。

出る順テスト

次は秘書A子がパーティーに出席するときに心がけていることである。中から不適当と思われるものを選べ。

1）祝儀は受付でふくさを開いて祝儀袋を出し、相手側に向けて両手で差し出している。
2）出欠の返事は電話でなく、同封の返信用はがきを出している。
3）パーティーの席では、ふだんより、あらたまったスーツを着用している。
4）会場へ入るときは、上着や大きめの荷物はクロークに預け、ハンドバッグだけを持つようにしている。
5）服装は祝賀の席でもあるので、黒い色の服は着用しないようにしている。

解答と解説

　祝賀の席で「黒い色の服を着用してはいけない」という決まりはありません。黒い色の服であっても、ブローチや花などでアクセントをつけたり、明るい色の小物を組み合わせて着用すれば問題ないでしょう。
　1）の「ふくさ」とは、表裏2枚合わせ、もしくは1枚物で方形に作った絹布のことです。祝儀や不祝儀を包んで持参します。

解答　5）

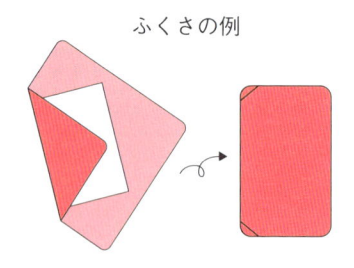

ふくさの例

Section ❾ 効果的な説得の仕方

Bランク ★★★★☆

説得とは「相手を納得させて行動を起こさせること」をいいます。多くの人間が協力し合って成り立っている組織では、さまざまな局面で他人を説得する必要があります。上手な説得の仕方について学びましょう。

❶効果的な説得方法のポイント

▶時期を逸しない
- タイミングよく相手と話す機会を作る

▶根気よく繰り返す
- 1度や2度の説得で相手が納得しないときも、根気よく説得を繰り返す

▶雰囲気を変える
- 「喫茶店でお茶でも飲みながら」など、雰囲気を変えるのもよい。相手がリラックスし、話を聞く姿勢に近づく

❷代理説得の方法

▶自分だけでなく、人を通じて説得する
- 説得する相手の知人を介したり、自分の代理者を立てて説得する
- 相手にとって信頼の厚い人を代理者に立てると、効果が上がる

❸補助力を使う

▶肩書や権力を効果的に使う
- 肩書や権力のある人と一緒に相手を説得する
- 食事や品物などの金銭面や物品面の補助を活用することで、効果が上がる場合もある

出る順テスト

次は説得について述べたものである。中から<u>不適当</u>と思われるものを選べ。

1）自分だけで説得できないときは、ほかの人の力を借りることもある。
2）相手が興味を持っているものなどを知っておくと、話のきっかけになりやすい。
3）相手の経済的な問題も考慮して、説得するようにしなければいけない。
4）相手が行動を起こすことを納得したときは、説得が成功したということになる。
5）相手との信頼関係も、時と場合によっては壊すくらいの気持ちで説得しないといけない。

解答と解説

　1）から4）は正しい説得の方法です。これらの選択肢の内容は、しっかり頭に入れておきましょう。

　説得には前述の通り、さまざまな方法がありますが、「相手との信頼関係があってこそ、成功するものである」ということを認識しておかなければなりません。

　5）のように信頼関係が壊れてしまえば、説得は成功しないでしょう。したがって、不適当です。

解答　5）

Section ❿ 忠告をする・受ける

Bランク ★★★★

この分野からは、2級では「忠告される側」、準1級では「忠告する側」からの出題が多くなっています。忠告は、する側もされる側も慎重になる必要があります。心構えとコツを知っておきましょう。

❶ 忠告するときのルール

- ▶事前に事実関係を確認し、軽率に忠告しない
- ▶他人の前で忠告せずに、1対1のときに忠告する
- ▶感情的にならず、冷静に話す
- ▶まず、事実関係と原因を示し、次に対応策を示す
- ▶他人と比較して忠告しない
- ▶相手を窮地に立たせるような忠告の仕方は避ける
- ▶わびるような気持ちを持ちながら話す

❷ 忠告したあとのフォロー

- ▶改善されているかを見守る
- ▶忠告したことを引きずらない
- ▶積極的に声をかけるなどして、コミュニケーションをはかる

❸ 忠告を受けるときのルール

- ▶感情的に受け止めず、冷静に自分を見直す
- ▶素直な気持ちで受け止める
- ▶責任転嫁しない
- ▶「誰に言われたか」ではなく「何を言われたか」を意識する

PART❹ 実技編 マナー・接遇

出る順テスト

次は秘書A子が忠告を受けるときに気をつけていることである。中から不適当と思われるものを選べ。

1）忠告を受けたときは言い訳をせず、思いあたる点を自分で考えるようにする。
2）忠告が相手の勘違いであったときは、その場で誤解であることを話している。
3）忠告が誤解であったとしても、誤解させるような行動が自分にあったかもしれないと反省している。
4）忠告を受けたことは反省し改善するようにするが、あとあとまで引きずらないようにしている。
5）原因を自分なりに考え、繰り返さないように努力している。

解答と解説

忠告された理由が相手の誤解や勘違いであったときでも、その場は素直に受け止めておき、**別の機会**、または**折を見て**、その誤解を解くようにしなければなりません。

解答　2）

Section ⑪

報告は迅速かつ正確に

Cランク ★★★☆☆

2級では「報告する側」、準1級では「報告される側」としての出題が多いです。迅速にかつ正確に、相手の都合を見はからって報告することが要求されます。しっかりコツを押さえましょう。

❶ 報告するときのルール

▶ 相手の都合を見はからう
- タイミングを見はからい、「ただいま、お時間よろしいでしょうか」などと、必ず相手の都合を聞く

▶ 結論→経過の順序で報告する
- 結論を先に報告し、それから結論にいたるまでの経過を報告する

▶ 重要なものから報告する
- 重要な案件や緊急度の高いものから報告する

❷ 報告するときに注意すること

▶ 推測で言わない
▶ 自分の個人的な観点からの断定をしない
▶ 事実のみを正確に言う

❸ 事前に準備すること

▶ 文書で報告する場合の注意点
- 文書で報告する場合は、簡潔にまとめておく
- 図表や写真を有効に利用する

▶ 報告する際の心構え
- 報告内容を理解し、相手の疑問点に答えられるようにしておく
- 報告した相手から意見を求められたときのために、自分の意見や考えも用意しておく（求められたときにのみ、答える）

PART❹ 実技編 マナー・接遇

出る順テスト

次は報告をするときに心がけなければいけないことである。中から<u>不適当</u>と思われるものを選べ

1）メモでよいものは、箇条書きにして上司に渡すか、机上に置くようにしている。
2）報告事項がいくつかあるときは、簡単な内容のものから報告するようにしている。
3）数に関する内容を報告するときには、図やグラフなどを書き、わかりやすいようにしている。
4）報告をするときは結論を先にし、詳しい説明などはあとにする。
5）報告が終わった時点で、質問はないかを相手に確認するようにしている。

解答と解説

報告事項がいくつかある場合は、2）以外の選択肢にあるような方法を使いながら、**重要なものや至急のもの**を先に報告するようにします。
さらに、複雑な内容のものは、秘書自身がしっかりと理解し、相手にもわかりやすく報告しなければなりません。

解答　2）

CHECK！
「重要なもの」「急ぎのもの」を先に報告しよう！

Section ⑫ 上手な話し方

Cランク

話し方と人間関係とは密接な関係にあります。前述の敬語もその大切な要素のひとつですが、ここでは話をするにあたっての態度について考えてみます。

❶会話の目的

一般的な日常会話のほかに、ビジネス上の会話の目的には、次のようなものがあります。

> 伝達　報告　説明　忠告　説得

❷会話の効果と人間関係

- ▶話が上手か否かの決定権は聞き手にある
- ▶好ましい人間関係は話の効果を上げる
- ▶話し方は相手との距離に応じて変わる
- ▶話の効果は、その後の人間関係にも影響する

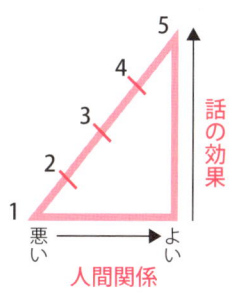

(グラフ：横軸「人間関係（悪い→よい）」、縦軸「話の効果」、1〜5の目盛り)

❸感じのよい話し方

外見的には	話す姿勢としては
・声のトーンに気をつける ・聞きやすいスピード、リズムで話す ・明るい表情で ・物腰をやわらかく ・身振り手振りを使って	・正しい話し方を心がける ・わかりやすい言葉を使う ・専門用語はあまり使わない ・肯定的に話す ・相手を尊重しながら話す ・聞き手のペースに合わせて話す

PART❹ 実技編　マナー・接遇

出る順テスト

次は秘書Ａ子が話をするときに心がけていることである。中から<u>不適当</u>と思われるものを選べ。

１）話をする内容などを考え、相手に合った言葉遣いをするようにしている。
２）話をするときは、相手のペースに合わせて話すようにしている。
３）相手と意見が食い違ったときには第三者に立ち会ってもらい、どちらが正しいかを言ってもらうようにする。
４）相手を否定するような話し方はせず、相手を尊重し立てるような話し方をするようにしている。
５）話の内容によっては、感情を込めて話すことも必要である。

解答と解説

　その後の人間関係にも深くかかわってくることですから、意見の食い違いがあったときでも、当事者同士で解決することが大切です。第三者に意見を求めることは避けなければなりません。
　したがって３）が不適当です。

解答　３）

Section ⑬ 説明の仕方・断り方・苦情処理

Cランク ★★★☆☆

良好な人間関係を保つために役立つのが、説明の仕方・断り方といったビジネス・スキルです。これらの基本を見ておきましょう。

説明の仕方

「相手にとって、わかりやすいように話すこと」が「説明する」ということです。効果的な説明の方法は、以下の通りです。

❶ 説明の仕方の原則

▶ 説明する内容の概略を先に言う

▶ 最初にこれから説明する内容のポイントの数を言う
- 「お話ししたい点は3つです。まず……」のように、最初に、これから説明する内容のポイントが何個あるかを言う

❷ 説明の順序

時間的配列	時間の経過に従って説明する 例）月曜日の話、火曜日の話……
空間的（場所的）配列	話の発生場所に従って説明する 例）北海道営業所の話、東北営業所の話……
既知から未知への配列	知っていることからわからないことへと話を進め説明する
重要度による配列	重要な事柄から説明する
因果関係による配列	原因と結果を示し説明する

❸ 説明するときの注意点

▶ 相手にわかりやすく話す
- 専門用語を避け、相手が理解しやすい言葉で説明する

- ▶相手の反応を見ながら説明する
  - 複雑な内容のときは、相手の反応を確かめながら説明する
- ▶了解事項に基づいて話す
  - お互いがすでに知っていることをもとにして、それと照らし合わせながら話す
- ▶写真や図表を有効に利用する
- ▶ひと通り説明し終わったら、要点のみ繰り返す
  - 相手の確実な理解をうながす
- ▶相手に質問や疑問がないか尋ねる

断り方

強引なセールスなどに対しては、はっきりと拒否します。

断るときの注意点

- ▶相手に期待を持たせるような断り方をしない
- ▶「申し訳ございません」などのクッション言葉を添える
- ▶断る理由を述べる
- ▶代案を申し出る

苦情処理

秘書が苦情を処理する機会は多いです。コツを押さえましょう。

苦情を処理するときの注意点

- ▶最後まで苦情を聞く
- ▶誠意を持って話を聞く
- ▶こちらの説明は、相手が話し終わってからにする
- ▶こちら側に落ち度がある場合は、誠意を持ってわびる

▶相手側の勘違いだったとしても、それについて抗議しない

出る順テスト

A子は営業所で所長の秘書も務めている。営業所は外勤社員が多いので、連絡のための朝礼があって、A子はそこで話をすることが多い。次はA子が話をするときに心がけていることである。中から不適当と思われるものを選べ。

1）自分自身が話す内容を理解したうえで、話すようにしている。
2）込み入った内容でわかりにくいことは、質問がなくても詳しく話すようにしている。
3）聞いている人は外勤社員だから、その人たちの気持ちをくんで話をするようにしている。
4）自分は伝達事項などを話すのが役割だから、反応は気にせず、自分のペースで話すようにしている。
5）朝礼では離れた所に立っている人もいるので、みんなに聞こえるように大きな声で話すようにしている。

解答と解説

「伝達事項」は、相手にしっかり伝わらなくてはいけません。伝わったかどうかは、相手の反応にも表れます。相手の反応を気にせずに、自分のペースで一方的に話す態度は不適当です。

そのほかの選択肢にあるように、おおぜいの人の前で話すときは、伝わりやすい大きな声で、ポイントを押さえた話し方をするのがふさわしいです。また、話を聞く人の立場を考えて話す心がけも適当です。

解答　4）

Section ⑭ 来客の案内・対応で気をつけること

来客の側に立つと、秘書の対応によってその会社の印象が決まるといっても過言ではありません。来客対応する際に、必ず知っておきたい基本的なビジネスマナーをここで学習します。

外見的な身だしなみ

▶服装

シンプルなデザインのスーツ、あるいはジャケットとスカートが好ましいです。ワンピースは、フォーマルな服装とされていますので、仕事着にはふさわしくありません。

オフィスでパンツスーツを着用する女性も増えていますが、会社の役員など、年齢が上の方たちの中には、「女性の正装はスカートである」と考えている方もいますので、好ましく思われない場合もあることを知っておいてください。

服装に関しては、その会社の業種や社風によって求められるものが異なります。一番いいのは、その職場の先輩の服装を見習うことです。

▶アクセサリー

つける場合は、控えめなものにします。大きなブレスレットやイヤリングは電話応対の際に邪魔になるので避けましょう。

▶化粧

ナチュラルメイクが基本です。ビジネスの場では、まったくのノーメイクもマナー違反となります。

▶髪型

清潔感のあるヘアスタイルを心がけます。長い髪はまとめましょう。

▶靴

シンプルなデザインの3～5センチのパンプスが適当です。

お辞儀の仕方

お辞儀の種類

状況に応じて、3種類のお辞儀を使い分けます。

会釈（15度）　　　　敬礼（30度）　　　　最敬礼（45度）

軽い礼　　　　　　　敬意を表す礼　　　　最も強い敬意を表す礼

使う場面
入室、退室のときなど

使う場面
お客様を迎えるときなど

使う場面
お礼を言うときなど

お辞儀をするときのポイント
①首だけ曲げないように注意。腰から折り曲げる
②背中を丸めない。背筋はまっすぐ
③両足のかかとをつける
④手は指を伸ばして重ねる

席次

席次のルール

室内ではもとより、乗り物などでも上座と下座があります。お客様に失礼のないように、気を配らなければなりません。

以下の例では、**数字の小さいほうが上席（上座の席）**になります。

応接室の例1

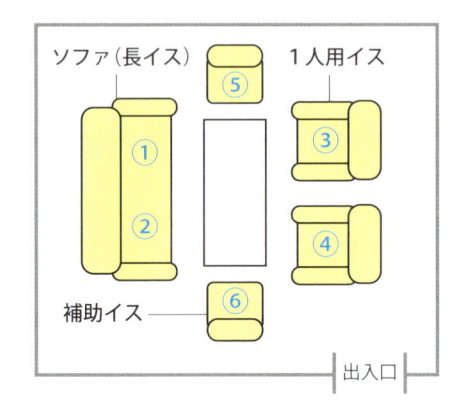

- ソファ（長イス）
- 1人用イス
- ①②（ソファ）
- ③④（1人用イス）
- ⑤⑥（補助イス）
- 出入口

応接室の例2

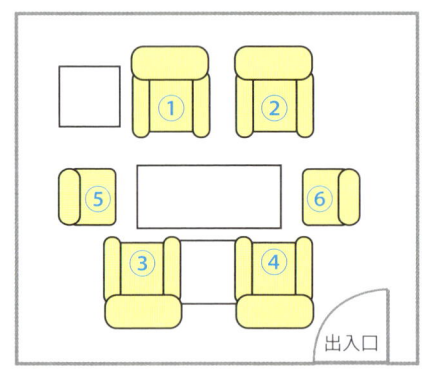

- ①②③④⑤⑥
- 出入口

席次のルール

・ソファ（長イス）が上座
・ソファの席のうち、出入口から遠いほうが上座
・1人用のイスのうち、出入口から遠いほうが上座
・ひじ置きのない補助イスよりも、1人用のイスのほうが上座

乗用車の例

• タクシーなどのとき

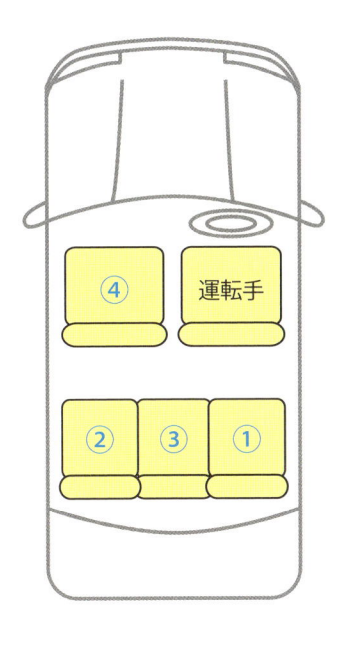

```
④  運転手
②  ③  ①
```

• 車の持ち主が運転するとき
　例）持ち主が取引先の専務

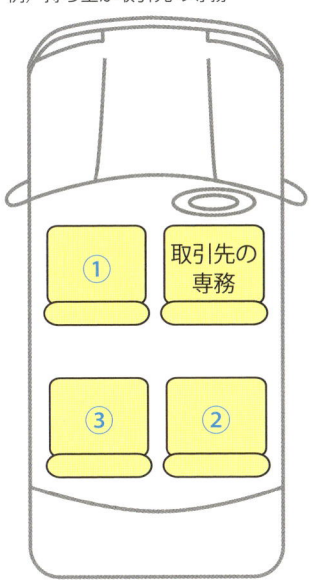

```
①  取引先の専務
③  ②
```

電車・飛行機などの例

• 席が2人掛けと3人掛けのとき

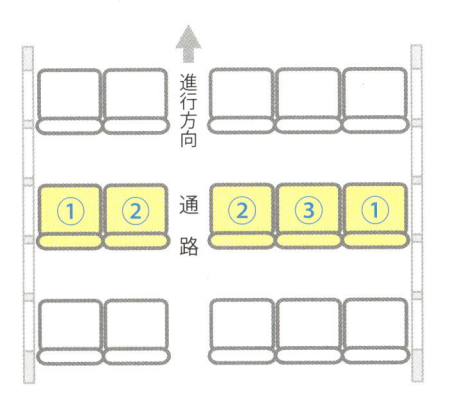

進行方向 →

① ②　　② ③ ①　通路

• 2人ずつ対面する席のとき

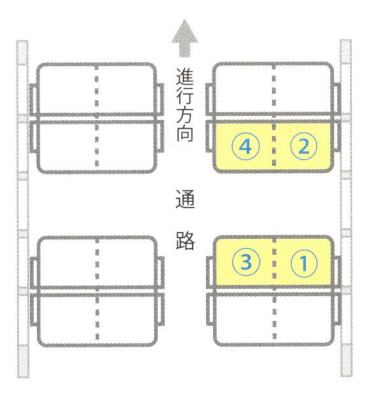

進行方向 →

④ ②
③ ①　通路

紹介の仕方

紹介のルール

年齢や職位によって、紹介する順番が異なりますが、基本は「先に目下の人を、目上の人に対して紹介する」ということです。

ケース	先に紹介	後から紹介	注意！
年齢差がある	年下の人	年上の人	
職位が異なる	地位の低い人	地位の高い人	年齢や性別よりも、職位を優先
男女	男性	女性	レディファースト。年齢差や職位の差が大きいときは、そちらを優先
上のどのケースにもあてはまらない	自分と親しい人から順に		

来客の案内

❶エレベーターの乗り降り

▶エレベーター係が乗っているとき
- 自分よりも目上の人や客が自分の右側に来るように立つ

▶自動エレベーターのとき
- 先に自分が乗り、「開」ボタンを押して客を乗せる
- 降りるときは、「開」ボタンを押し、客に先に降りてもらう

❷階段の上り下り

▶階段の上り下り
- 上るときは客の斜め後ろを歩く（自分が下側になる）
- 下りるときは客の斜め前を歩く（自分が下側になる）

❸廊下の歩き方

▶廊下を歩くとき

- 来客の右斜め前を、2〜3歩先に歩く

▶応接室の前で

- 「こちらでございます」と言って、手のひらで示す

❹来客を部屋に招き入れるとき

▶引きドアのとき

- ドアを軽く2回ノックし、両手でノブを押さえ、手前に引く
- 来客を先に部屋へ通し、自分はあとから入室する
- 両手でドアを閉め、手のひらで上座の席をすすめて退室する

▶押しドアのとき

- ドアを軽く2回ノックし、両手でノブを押さえて、自分が先に入室する
- 来客を部屋へ招き入れる
- 両手でドアを閉め、上座の席を手のひらですすめて退室する

引きドアのとき
(外開きのドア)

押しドアのとき
(内開きのドア)

❺来客を見送るとき

　来客と上司との関係、会社との関係により、どこまで見送るかが異なります。大変重要な相手であれば、会社の玄関前で、姿が見えなくなるまで見送ることもあるのです。

▶**受付で客が帰るとき**
　　立ち上がり、一礼して見送る
▶**応接室の外まで見送るとき**
　　「本日はご多忙のところ、ありがとうございました」と挨拶して、しばらくの間、帰る姿を見送る

- **エレベーター前まで見送るとき**
  エレベーターのドアが閉まって、動き出すまで見送る
- **玄関先まで見送るとき**
  一礼して、相手が遠ざかるまで待つ
- **車で帰る来客を見送るとき**
  車が見えなくなるまで見送る

エレベーター前までの見送り

玄関先での見送り

> 次は秘書A子が受付業務を担当しているときや客を案内するときに行っていることである。中から適当と思われるものを選べ。

1）紹介状を持ってきた客は、内容を確認してから上司に取り次ぐようにしている。
2）応接室へ案内したときは、客に上座をすすめている。
3）上司の知り合いと名乗った客は、すぐに案内するようにしている。
4）廊下で他部署の社員と客が話しているときは、邪魔にならないようにそのまま通りすぎるようにしている。
5）転任の挨拶に来た客でも、上司が面談中のときは代理者に会ってもらうようにしている。

解答と解説

1）紹介状は封をされていないのが一般的ですが、内容を秘書が確認することはありません。
3）上司の知り合いと名乗った場合でも、相手の氏名や会社名を聞き、上司に意向を確認しなければなりません。
4）このような場合や廊下で来客とすれ違った場合には、会釈をして通りすぎるといった行動をとらなければなりません。
5）転任や就任の挨拶は短時間ですむので、面談中であっても取り次ぐようにします。

解答　2）

Section ⓯ お茶の出し方と料理の種類

Dランク

秘書にとって、来客へのお茶出しや、面談終了後の食事の手配なども重要な仕事のひとつです。秘書の入れた美味しいお茶のおかげで、商談がうまくまとまった！　という話もあるくらいですから。

❶お茶の出し方の手順

①お茶を入れたら、茶たくと茶わんを別にしてお盆にのせる。ふきんはきれいにたたんで目立たないようにお盆にのせる
②お盆を持つときは、胸の下あたりの高さで、お茶に息がかからないよう、右か左にずらした位置に持つ
③入室の際には、片手でお盆を持ち、必ずノックする
④入室してドアを閉めたら、「失礼いたします」と言って一礼する
⑤サイドテーブルがある場合は、その上に置き、1客ずつ出す。サイドテーブルがない場合は、テーブルの端に置くか、そのスペースがないときは左手でお盆を持ち、1客ずつ出してもよい

お茶を出すときのセッティング

知っておこう！

ふたつきのお茶わんでお茶を飲むときには、茶わんの右側に、つまみを下に向けてふたを置く

つまみを上にして置くと、テーブルの上に水滴がこぼれるため。茶たくのふちにはかけないこと

❷お茶を出すときのマナー

- お茶を出すときは、必ず上座の客から出す
- 奥の席の人にお茶が届かない場合は、手前の人に送ってもらう
- 茶たくに木目の模様が入っているときは、お客様から見て木目が横になるように置く
- 茶わんに模様が入っているものは、メインの絵柄がお客様の正面に来るように置く（茶わんの中に模様があるものも同様）
- お菓子とお茶を一緒に出すときは、お客様から見て左側にお菓子、右側にお茶を置く
- コーヒーや紅茶など、カップで出すときには、持ち手は左側でも右側でもよい（持ち手が左側はヨーロッパ式、右側はアメリカ式）

❸接待に使われる料理の種類

料理の種類についても過去に出題されていますので、名称と特徴を覚えておきましょう。

料理の名称	特徴
会席料理	酒宴の席で出される料理。本膳料理を簡略にしたもの
懐石料理	作った順に1品ずつ運ばれてくる高級な日本料理。元は茶道で用いられる料理のこと
本膳料理	本膳、二の膳、三の膳までそろえた正式な日本料理
普茶料理（ふちゃ）	中国式の精進料理。大皿に盛って出し、各人に取り分けて食べる
精進料理（しょうじん）	肉類や魚を使わない菜食の料理

出る順テスト

次は秘書A子のお茶の出し方である。中から<u>不適当</u>と思われるものを選べ。

1）複数の来客のときは、上座の客から順に出すようにしている。
2）社内会議のときは、職位が上の人から順に出すようにしている。
3）お茶を出して退室するときは、「失礼いたしました」と言って会釈をしている。
4）応接室内にサイドテーブルがあるときでも、少人数のときは左手で盆を持ち右手で出すようにしている。
5）盆にのせて運ぶときは、茶たくと茶わんを別々にしてのせている。

解答と解説

お茶を出すときには、5）のように盆にのせて運び、お盆ごとサイドテーブルにいったん置いてから、両手で出すのがマナーです。

出す順番は1）と2）のようにして、出し終わって退室するときは、3）のようにするとよいでしょう。

すでに見知っている複数の客で、明らかに職位が上の客が下座に座っているようなときには、たとえ下座に座っていても、職位が上の客から順に出すようにします。

解答　4）

PART 5

実技編
技能

「技能」の傾向と対策

マスターしやすく得点しやすい分野

　この分野では、文書作成や会議に関する知識など、秘書の実務について学んでいきます。

　出題される問題の中には、常識の範囲内で解答できる問題とそうでない問題があります。たとえば、会議用語やファイリング、秘文書の扱いなどは、学生の人は、初めて耳にするような内容ばかりで、難しく感じられるでしょう。

　しかし、心配することはありません！

　この分野の特徴として、一度の勉強で簡単にマスターでき、比較的高得点をとりやすいことがあげられます。

　本書を活用して、ポイントを押さえながら勉強すれば、ぐんぐん得点力がついてきます。

　ですから、勉強することが楽しくなるはずです！

出る順ランク

Aランク

Section ❶ 郵便の種類（166ページ）
Section ❷ 秘文書の扱い方（169ページ）
Section ❸ ファイリング（171ページ）
Section ❺ 社内文書の種類と書き方（181ページ）

B ランク

Section ❹ 会議用語と準備の仕方（174 ページ）
Section ❻ カタログ整理（184 ページ）

C ランク

Section ❼ 雑誌整理（185 ページ）
Section ❽ 名刺整理の手順（187 ページ）
Section ❾ 文書の種類（189 ページ）
Section ❿ 社外文書の種類と書き方（191 ページ）
Section ⓫ 社交文書の種類と書き方（196 ページ）
Section ⓬ 文書の取り扱いと受け渡し（199 ページ）
Section ⓭ オフィスの環境整備（204 ページ）

D ランク

Section ⓮ 職場のレイアウト（206 ページ）

「技能」の出題数

	3級	2級	準1級
択一式（マークシート）	8問	8問	3問

Section ❶ 郵便の種類

Aランク

郵便関連の出題は、適切な郵送方法を選ばせるものが多いです。大量発送する際の郵送方法や特殊郵便物の取り扱いなどをしっかり把握し、適切な郵送方法を選べるようにしておきましょう。

いろいろな郵送方法

郵送方法	送れるもの・目的（具体例は過去に出題されたもの）
現金書留	現金（手紙も同封できる） 具体例：お祝い金を祝い状と一緒に送る
一般書留 （書留）	現金化できる証券など（手形・小切手・商品券）。重要な書類、手紙 具体例：ギフト券を送る
簡易書留	重要な書類、手紙 具体例：原稿、秘文書
速達	速く届けたいとき 具体例：小切手を速く届けたいので書留を速達にする
配達日指定	配達日を指定する 具体例：誕生日当日にバースデーカードを届ける
配達証明	配達日付を証明したいとき
内容証明	内容を証明するとき。3通作成し、書留にして送る
ゆうパック	30キログラム以内で3辺の合計が1.7メートル以内の荷物。添え状以外の手紙（信書）を入れてはいけない。専用のラベルがある

郵送方法	送れるもの・目的（具体例は過去に出題されたもの）
ゆうメール	3キログラム以内の**冊子**、**印刷物**、DVD、CDを送る場合に使う。重量ごとに全国均一料金。見やすいところに「ゆうメール」と記入する。添え状以外の手紙（信書）を入れてはいけない 具体例：俳句の句集を知人に送る
レターパックプラス レターパックライト	厚紙の専用封筒に手紙や荷物を詰めて送る。直接、ポストにも投函できる。レターパックプラスは配達先に対面で届けられ、受領印か署名をもらう。レターパックライトは対面ではなく、郵便受けへ配達される

大量発送する郵便物

郵送方法	送れるもの・目的（具体例は過去に出題されたもの）
料金受取人払	受取人が料金を支払う 具体例：回収率20%が見込まれるアンケートの返信用はがき
料金別納郵便	料金が同じ郵便物や小包を**一度に10通（個）以上**発送する場合に使う。料金は別にまとめて支払う 具体例：会社の移転通知を取引先に出す
料金後納郵便	**毎月50通以上**の郵便物を発送する、または小包郵便物を**10個以上**発送する場合に使える。1カ月の料金をあとでまとめて支払う 具体例：友の会のメンバーに会報を発送する

【参考】料金受取人払、料金別納郵便、料金後納郵便の表示例

料金受取人払
〇〇支店承認
999
差出有効期間
平成〇年12月
15日まで

差出事業所名
料金別納
郵便

差出事業所名
料金後納
郵便

出る順テスト

次は秘書A子が郵便物の取り扱いで、最近行ったことである。中から<u>不適当</u>と思われるものを選べ。

1）書籍を大阪支社と仙台支社に送るよう指示されたので、社用封筒でゆうメールで送った。
2）記念式典の招待状10通を郵送するよう指示されたが、料金別納郵便は利用しなかった。
3）小切手は現金と同じなので、現金書留で送った。
4）はがきのあて名を書く面の下のほうに、裏面に書ききれなかった文章の続きを書いて投函した。
5）外国あての郵便物に規定料金の切手を貼ってポストに投函した。

解答と解説

1）書籍をゆうメールで送るのは適切です。
2）料金別納郵便は、10通以上、料金が同じ郵便物を出すときに使える方法ですが、記念式典などの儀礼的な催しの案内のときには、切手を1枚1枚貼るのが慣例です。
3）現金書留は、現金を郵送する場合にのみ利用します。小切手であれば、一般書留を利用するのが適切です。なお、一般書留は通常、「書留」と呼ばれることも多いので覚えておいてください。
4）はがきは、裏面に書ききれなかった通信文を表面（あて名を書く面）に書いてもかまいません。絵はがきなども、その例です。
5）外国あての郵便物もポストに投函してかまいません。

解答　3）

Section ❷ 秘文書の扱い方

A ランク ★★★★★

「秘文書」とは、会社の重要事項が記載された文書のことです。社内での取り扱いに留意し、社外へ郵送する際も万全を期さなければ、思わぬ機密漏えいにつながります。正しい手順の確実な扱い方を学びます。

❶ 社内で取り扱うときの注意点

▶ 文書の扱い方
- 受け渡し時は、文書受渡簿に記帳し、必ず受領印をもらう
- 「秘」の印を押した封筒を気軽に持ち歩かない
- 秘文書は、無印の封筒に入れて持ち歩く
- やむをえず席をはずす場合は、引き出しに入れて施錠する

▶ いらなくなった文書やミスコピーを廃棄する場合
- シュレッダーにかける
- 焼却する

▶ コピーをとる
- コピーを配布する場合は、番号を打ち、配布先を記録しておく
- 必要最小限の枚数をコピーする
- 予備のコピーを気軽にとらない

▶ 保管法
- 一般文書とは区別して保管する
- 鍵がかかるキャビネットなどに保管し、鍵は上司と秘書が持つ

❷ 社外へ発送するときの注意点

▶ 社外へ発送するときの手順
① 秘文書を透けない封筒に入れ、封筒に「秘」の印を押す
② さらに別の封筒に入れ、外側の封筒には「親展」と記入する
③ 文書発信簿に記帳する
④ 「書留」または「簡易書留」で郵送する
⑤ 秘文書を送った相手に電話で伝える

出る順テスト

次は秘書A子が社内で秘文書を取り扱うときに行っていることである。中から適当と思われるものを選べ。

1）秘文書を貸し出すときにはコピーをとり、それを貸し出すようにしている。
2）秘文書を渡すときは、A子のところまでとりに来てもらうようにしている。
3）秘文書を渡すときは、口頭で「秘文書です」と言って渡している。
4）秘文書を渡すときは、封筒に相手の名前を書き、その横に「親展」と書いて直接手渡す。
5）上司あての秘文書は、直接、上司に手渡してもらっている。

解答と解説

1）紛失を恐れてコピーをとることによって、コピーする回数が増え、機密漏えいにつながる可能性が高まります。必要以上にコピーをとることはありません。適切な方法としては、貸し出さずにその場で閲覧してもらうのがよいでしょう。やむをえず貸し出す際には原本を貸し出し、貸出簿などに記帳しておくとよいでしょう。
2）必ずしも、相手にとりに来てもらう必要はありません。
3）口頭で伝えるのではなく、封筒に「親展」と記し、文書に「秘」の印を押すようにします。
5）秘書業務を怠っていることになります。秘書が代わりに受け取っておくことに支障はありません。

解答　4）

Section ❸ ファイリング

A ランク ★★★★★

ファイリングは、「書類・資料の整理から保管、貸し出し、廃棄までのこと」をいいます。上司やほかの人が必要であるときに、すぐに目的の書類を取り出せる状態にしておくことが求められます。

整理方法の種類

会社で扱う文書の量は膨大です。

秘書は、それぞれの整理方法の特徴を知って、最適な文書管理をしなくてはいけません。

なお、ファイリング用語については、PART 7（270〜272ページ）で詳しく説明していますので、しっかり見ておいてください。

▶相手先別整理

・会社名や個人名など、取引先の名称別に整理する方法
具体例）「KADOKAWA」「ABC商事」「山田花子」など

【企業分野別五十音式の例】

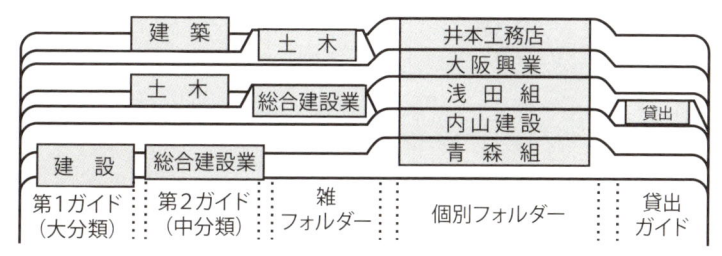

第1ガイド（大分類）	第2ガイド（中分類）	雑フォルダー	個別フォルダー	貸出ガイド
建築	土木		井本工務店	
			大阪興業	
土木	総合建設業		浅田組	
			内山建設	貸出
建設	総合建設業		青森組	

▶主題別整理

・何が書かれているかによって分類する方法
具体例）「パソコンのカタログ」「テレビのカタログ」「採用関連」「研修関連」など

▶ **表題別整理**
- 文書の表題（タイトル）ごとにファイルする方法

具体例）「請求書」「報告書」「申請書」など

▶ **一件別整理**
- ある特定の取引に関する書類を、その内容の経緯がわかるように仕事の始めから終わりまで順序正しく整理する方法

具体例）「1号館建設プロジェクト」「山田商事30周年記念」など

▶ **形式別整理**
- 書類の量が少ないときに用いる形式で、細かく限定された文書にタイトルをつけて整理する

具体例）「年賀状」「暑中見舞」「異動の挨拶状」など

出る順テスト

次は秘書A子がファイルするときに行っていることである。中から<u>不適当</u>と思われるものを選べ。

1）フォルダー内から必要な文書を取り出しやすいように、文書には穴を開けてとじないようにしている。
2）雑フォルダーに入れてある文書も、特定の相手先の文書の枚数が多くなったときは、個別フォルダーを作るようにしている。
3）分類を区別しやすくするために、ラベルの色を変えるようにしている。
4）ファイリングをするときは、文書の大きさに関係なくフォルダー内にまとめている。
5）フォルダー内の文書をすべて貸し出すときには、そのフォルダーごと貸し出している。

解答と解説

文書を貸し出す際には、貸し出し用持ち出しフォルダーを使用し、貸し出した先がわかるように記録しておきます。

解答　5）

参考

貸し出しフォルダー
（貸し出し用持ち出しフォルダー）

Section ❹ 会議用語と準備の仕方

Bランク ★★★★

トップマネジメントにつく秘書としては、上司主催の会議における開催準備や会議記録などについての知識も欠かせないものになっています。試験の頻出ポイントは、会議用語と会議の準備に関する知識です。

❶ 会議用語

会議用語	意味
招集	会議の出席者を集めること （「召集」は、国会の場合にのみ使う）
議案 協議事項	会議で討論、議決するための原案
定足数	議決するための必要最小限の人数。また、会議開催における必要最小限の人数
提案	議案を提出し、議決を求めること
採決 表決 議決	会議での問題の可否を決定すること。参加者の挙手、起立、投票などの方法がある （「票決」は投票によって決めること）
動議	会議中に口頭で、予定外の議案を提案すること
諮問(しもん)	上位者が下位者へ意見を求めること （例：上位組織が付設の委員会に諮問する）
答申	諮問に対する答え
一事不再議の原則	一度会議で決まったことは、その会議中には再審議しないという原則

❷会議の形式

会議の形式	内容
フォーラム	公開を原則とするもので、討論終了後参加者が質疑応答や意見交換をする
フリートーキング 円卓会議	自由な雰囲気で行う会議。席次などを気にしないように丸テーブルを利用する
シンポジウム	4～5人の専門家がそれぞれの立場から意見を述べ、聴衆と討議する。公開会議の形式のひとつ
バズ・セッション	「ガヤガヤ会議」といわれ、小グループごとに分かれて話し合いのあと発表する。小グループは原則として6人
パネル・ディスカッション	意見を異にするパネルメンバーが聴衆の前で討論する。その後、聴衆からの質問や意見を受ける
ブレーン・ストーミング	原則として人のアイデアを批判することが許されない。参加者が自由に自分のアイデアを発表する形式で、人のアイデアに自分の考えをつけたして発表することもできる

シンポジウム！

専門家がいる！

❸会議会場のセッティング

- ▶**円卓式**　……自由に話し合いたい場合に適している
- ▶**ロの字型**……人数の多いときで、出席者同士がお互いの顔をよく見えるようにしたい場合に適している
- ▶**コの字型**……スクリーンやホワイトボードなどを使用する場合に適している。人数が多い場合にはVの字型よりも、コの字型がよい
- ▶**Vの字型**……スクリーンやホワイトボードなどを使用する場合に適している。スクリーンなどがコの字型よりも見やすい
  （V字型）
- ▶**教室式**　……多人数に伝達したい場合に適している。オブザーバーの席は後ろにする。「オブザーバー」とは、議決権を持たない、会議の正式メンバーではない参加者のこと

丸い形の机がなくても

円卓式はつくれる！

四角い長机を正方形に近い形になるように並べます

❹会議会場のセッティングの代表的な形式

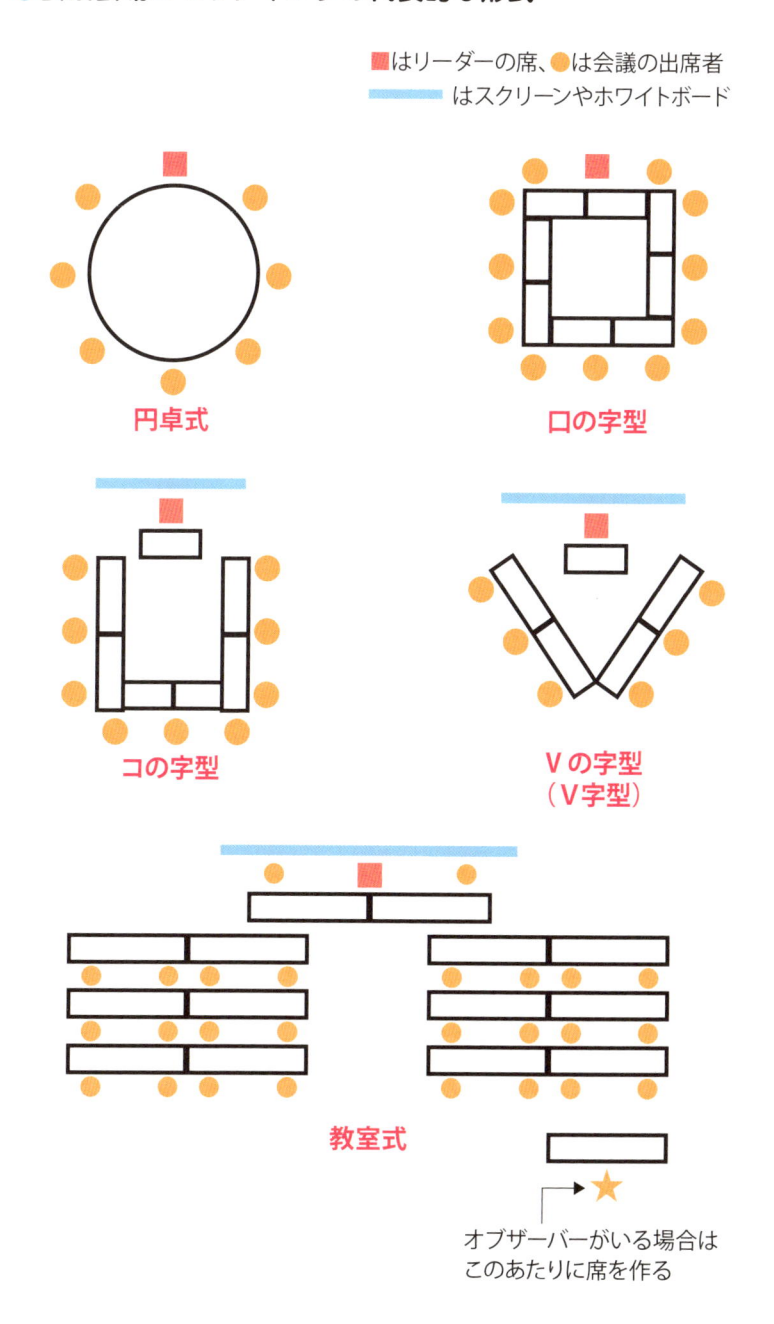

■はリーダーの席、●は会議の出席者
━━━ はスクリーンやホワイトボード

円卓式

口の字型

コの字型

Vの字型（V字型）

教室式

オブザーバーがいる場合はこのあたりに席を作る

❹上司主催の会議の開催準備

▶社外で会議を開催する場合に確認すること
- 予算、場所、備品、そのほかについての上司の希望を聞き、会場候補をいくつかあげる
- 第１希望から順に、ホテルなどに予約を入れる
- 予約がとれた時点で上司に報告
- 会場側との打ち合わせ

▶開催通知の作成、発送

〈通知状に記載する事項〉
- 会議名称
- 議題、趣旨
- 開催日時（開始時刻、終了時刻）
- 開催場所……
  - 会場名
  - 住所
  - 電話番号
  - 最寄り駅からの案内図
  - 駐車場の有無
- 出欠の連絡方法と期日
- 主催者
- 会議担当者の連絡先
- 資料、食事の有無、そのほかの注意事項

▶席次を決定する
- 社外の出席者がいるときは、事前に上司と相談して席次を決める。当日は、名札を机上に置く。秘書が勝手に席を決めてはいけない

▶当日の議事進行についての打ち合わせ
- タイムスケジュールの作成

▶議事録作成の手配

▶必要な資料の作成や手配
- 参考資料は事前に配布し、当日は受付に予備を置いておく

- ▶会場準備の打ち合わせ
  - 会議の目的に合った備品をそろえ、設置するための打ち合わせ
- ▶会議中の接待の打ち合わせ
  - 休憩の際のお茶や食事の接待について、打ち合わせる
  - 食事を出す場合は、その手配をする
- ▶会議中の電話などの取り扱いについての打ち合わせ

❺会議当日の仕事
- ▶備品チェック
- ▶出席確認
  - 受付にて出席者の確認を行う
- ▶会場側との連絡
  - 不法侵入者の防止、クロークや控室での盗難防止、会場内の空調など
- ▶会議中の電話応対
  - 事前の打ち合わせ通りに電話応対を行うが、緊急事態が発生したときは臨機応変に応対する
- ▶議事録をとるときの注意点
  - 記載漏れを防ぐために、ICレコーダーを使用する場合もあるが、そのときもメモをとる（秘書以外の者が議事録をとる場合もある）

〈議事録の記載事項〉
- 会議名
- 開催日時、場所
- 主催者名、議長、司会者
- 出席者名、欠席者名、出席者数
- 議題
- 発言者と発言内容
- 決定事項
- 次回予定日
- 議事録作成者名

※赤字の記載事項は、ここ3年以内に出題されています。また、議事録に記載しなくてよいものとして、「議事録作成日」を選ぶ問題が出題されました（第102回試験）。

出る順テスト

次は秘書A子が社外の人を招いての会議で行ったことである。中から<u>不適当</u>と思われるものを選べ。

1）席次は出席者の職位などを考慮しなければいけないので、上司に相談して決めている。
2）会議の席では社内の者であっても、机上に名札を置いている。
3）電話は取り次がないようにと言われていても、緊急の場合は本人にメモで連絡している。
4）議事録作成を指示されたときは、念のためにICレコーダーも使用している。
5）上司に議事録作成を指示されたので、よく聞き取れなかった箇所は、発言者にその場ですぐに確認した。

解答と解説

2）の名札は、社内の人のみが出席者である会議には必要ありませんが、問題文に「社外の人を招いた会議」とあるので名札を置くことは適当です。

5）のように聞き取れない発言があった場合は、会議が終わったあとや休憩時間に、発言者に確認すべきです。

A子は議事録を作成する係であって、会議の出席者ではありません。会議中においては、質問であれ、口を出してはいけません。

解答　5）

Section ❺ 社内文書の種類と書き方

Aランク

この項目からの出題傾向としては、それぞれの文書の本文や前文を記述する問題や、慣用句を穴埋め式にして文章を完成させるものが多いです。ビジネス社会で必要不可欠な文書の形式を覚えましょう。

❶ 社内文書の種類

種類	内容
回覧文書	社員に連絡したい事項が書かれた文書
報告書	上司や社員に報告するための文書 例）「出張報告書」「営業日報」など
通知書	実施や開催を知らせる文書
命令書・指示書	上部からの命令・指示を伝える文書
議事録	会議の記録文書
稟議書（りんぎしょ）	決裁を受けるための文書

❷ 敬称の使い方

敬称	名宛人	例
御中（おんちゅう）	会社や官公庁などの団体名	株式会社A商事**御中**
各位	同じ内容のものを多数の人に送るとき	会員**各位** 社員**各位**
様、殿	役職名	営業担当部長**殿**
様、殿	役職名をつけた個人名	専務取締役　山田進**様**
先生、様	個人名	佐藤明**先生** 佐藤明**様**

❸社内文書のフォーム

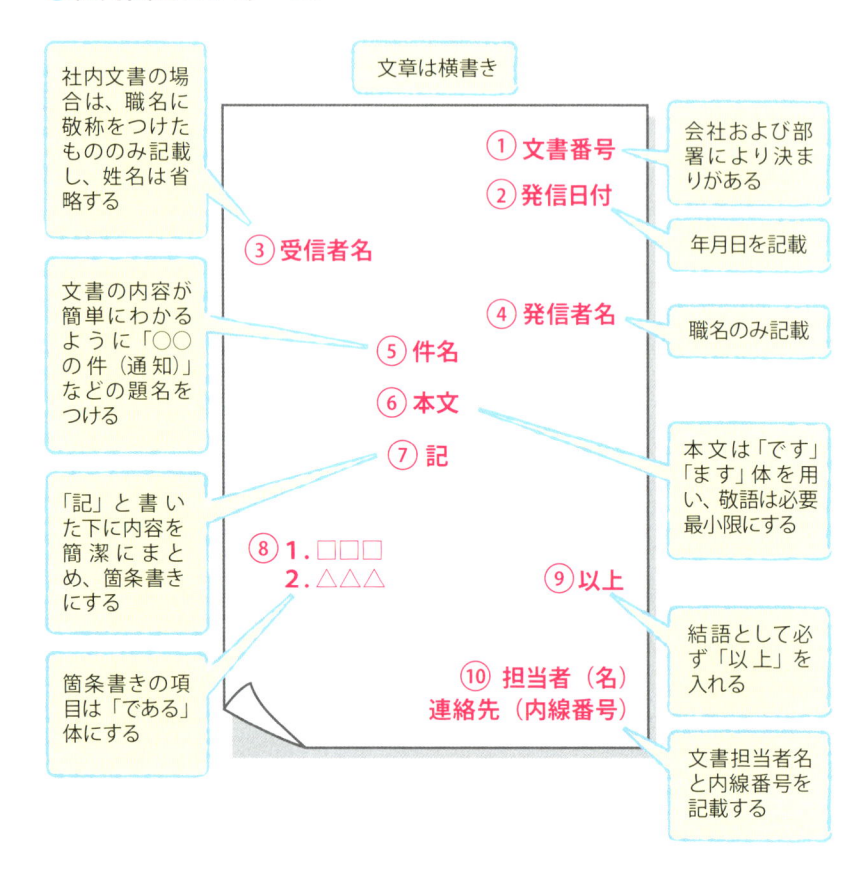

```
                    文章は横書き

                                    ① 文書番号        会社および部
社内文書の場                                            署により決ま
合は、職名に                         ② 発信日付        りがある
敬称をつけた
もののみ記載                                            年月日を記載
し、姓名は省
略する              ③ 受信者名

                                    ④ 発信者名        職名のみ記載
文書の内容が
簡単にわかる
ように「○○          ⑤ 件名
の件（通知）」
などの題名を          ⑥ 本文
つける                                                  本文は「です」
                    ⑦ 記                               「ます」体を用
                                                       い、敬語は必要
                                                       最小限にする
「記」と書い
た下に内容を          ⑧ 1. □□□
簡潔にまと              2. △△△          ⑨ 以上
め、箇条書き
にする
                                                       結語として必
                    ⑩ 担当者（名）                     ず「以上」を
箇条書きの項            連絡先（内線番号）                入れる
目は「である」
体にする                                                文書担当者名
                                                       と内線番号を
                                                       記載する
```

（それぞれの項目の記載例）

　①人事部発92号　②平成○年8月5日　③課長各位　④人事部長

　⑤課長職秋期特別研修の件（通知）

　⑥課長職の秋期特別研修を下記の通り実施します。期間中に業務に支
　　障をきたさぬように各自調整のうえ出席してください。

　⑧1．日時　平成○年9月20日（月）、21日（火）

　　　　　午前9時～午後5時

　　2．場所　7階会議室

　⑩担当　人事部　山田

　　内線番号 33-1234

❹漢数字の使い方

社内文書には、原則としてアラビア数字を用いますが、例外的に、次の場合には漢数字を使います。

固有名詞	四万十川（しまんとがわ）　富士五湖
概数（おおよその数）	二、三日　数百人
慣用句	四面楚歌（しめんそか）　三差路（さんさろ）
桁数（けた）の多い数字	5千万円　9兆円

出る順テスト

次は社内文書の書き方について述べたものである。中から適当と思われるものを選べ。

1) 本文は「である」体にすると、簡潔に書ける。
2) 文書には発信日付と時間も書くようにしている。
3) 横書きなので、数字はアラビア数字を必ず使うようにしている。
4) 文書の最後には必ず「以上」を書くようにしている。
5) 上司名で発信するときは、担当者も上司名にしている。

解答と解説

1) 「である」体は命令文になってしまうため、文体は「です」「ます」体にするのが原則です。
2) 文書に発信の時間を入れることはありません。
3) 前述の通り、漢数字を用いる場合もあります。
5) 担当者名はその文書についての連絡を受け付ける者ですから、上司名ではなく実際の担当者の氏名を書きます。

解答　4)

Section 6 カタログ整理

カタログの収集と管理は、秘書の大切な仕事です。上司が情報を必要としているときには、いつでもすぐに提供できる態勢でいるべきです。

カタログを整理するときの注意点

- ▶製品別に整理する
- ▶カタログ整理にはハンギング・フォルダー（268～269ページ参照）が適している
- ▶他社のカタログは、最新のものだけ残して、ほかは廃棄する
- ▶自社のカタログは、すべて保存しておく

出る順テスト

次はカタログの整理について述べたものである。中から適当と思われるものを選べ。

1）カタログは会社別に整理しておいたほうが、比較しやすい。
2）カタログは大きさもまちまちなので、大きさ別に整理しておくと見やすい。
3）他社のカタログは最新のもののみ保管し、古いものは捨てる。
4）他社のカタログは旧製品と新製品の比較ができるように、2冊ずつまとめて整理する。
5）自社の製品カタログも、最新号が出たら、古いものは破棄する。

解答と解説

他社製品のカタログは、最新号のみを残して古いものは廃棄します。自社製品のカタログは、古いものもすべて保管しておきます。

解答　3）

Section ❼ 雑誌整理

Cランク ★★★☆☆

秘書はカタログ同様、雑誌の整理も行わなければなりません。ただ雑然と置いておくのではなく、必要なときに必要な資料を提出するためにはそれなりの整理方法を知っておく必要があります。

❶雑誌を整理するときの注意点

- ▶バックナンバーは一定期間、保存しておく
- ▶保存期間は一般雑誌は前年度分のみ、必要なものは最長５年分
- ▶保存の際は一定期間分を合本にする
  - 1年分、半年分などでまとめて1冊にし、必ず総目次をつける
- ▶必ず日付を記入し、蔵書印や社印を押す

❷試験によく出る雑誌や書籍関係の用語

バックナンバー	すでに発行されている刊行物 ★
パンフレット	数ページの宣伝用印刷物
リーフレット	1枚刷りの宣伝用印刷物
季刊誌	年に4回発行される雑誌。たいてい季節ごと
旬刊誌	10日ごとに発行される雑誌 ★
隔月刊誌	1カ月おきに発行される雑誌
総目次	雑誌などの一定期間分の目次をまとめたもの
落丁（らくちょう）	ページが抜け落ちていること
奥付（おくづけ）	発行所や発行年月日がのっている部分。だいたい本の最終ページにある

絶版	出版した本が売り切れたあと、新たに印刷・販売をしていないこと
増刊号	定期的に発行する号以外に刊行する号 ★
合本（がっぽん）	数冊の本を合わせて1冊にした本
改訂版	内容を部分的にあらためて、再度刊行した書籍のこと
草稿	原稿、下書き
校正	文字や文章を比べて誤りを直すこと
校閲	文書や原稿などの内容の誤りや不備を調べて、加筆や修正すること

★印は、この3年以内に出題されています。

出る順テスト

次は雑誌に関する用語とその意味である。中から不適当と思われるものを選べ。

1) 増刊号……定期的に発行する号以外に刊行する号
2) 奥付……本の最終ページなどにあり発行所や発行年月日が書かれている
3) バックナンバー……本のタイトルが書いてある背表紙のこと
4) 隔月刊誌……1カ月おきに発行される雑誌
5) リーフレット……1枚刷りの宣伝用の印刷物

解答と解説

バックナンバーとは、すでに刊行されている雑誌のことで、最新号ではない、過去の号のことです。

解答 3)

Section 8 名刺整理の手順

C ランク ★★★☆☆

秘書にとって、名刺は単に名前を覚えるだけでなく、面会の予約をする際や商談をするうえでの重要な情報源になります。上手に整理しておけば、迅速に対応ができ、仕事の効率化に役立ちます。

❶ 名刺の整理方法

- ▶ 名刺整理箱（273ページ参照）
  - 長所　多数の名刺を収納できる
  　　　　名刺のサイズにかかわらず収納できる
  - 短所　一覧性がない
  　　　　持ち運びが不便
- ▶ 名刺整理簿（273ページ参照）
  - 長所　一覧性がある
  　　　　持ち運びに便利
  - 短所　一定の大きさの名刺しか収納できない
  　　　　差し替えが不便
  　　　　収納枚数が少ない

❷ 名刺の並べ方

- ▶ 五十音順　会社名、個人名を五十音順に並べる
- ▶ 業種別　　業種ごとに分類し、その中で五十音順に並べる

❸ 名刺整理の注意点

- ▶ 名刺を受け取ったら、日付や必要事項を記入しておく
- ▶ 名刺は使い終わったら、**ガイドのすぐ後ろに戻す**
  - → 使用頻度の高い名刺がガイドの後ろに集まり効率的！
- ▶ 1年に1回以上整理し、古いものや使用しないものは廃棄する
  - 廃棄するときは、破るかシュレッダーにかける
  - 同じ人の名刺が2枚以上あるときは、最新のものだけを残す

出る順テスト

次は秘書A子が名刺を整理するときにやっていることである。中から適当と思われるものを選べ。

1）受け取った名刺は、記憶をたどるときに便利なように、受け付けた日付順に並べている。
2）名刺の裏面にも印刷があるような名刺は2枚もらい、それぞれ別に整理している。
3）名刺整理箱の場合、使った名刺はよくわかるように一番後ろに戻している。
4）名刺整理箱の場合、小型の名刺はまぎれると探しづらいので、別に整理している。
5）上司の友人関係の名刺は、業務関係の名刺と区別して整理している。

解答と解説

1）名刺は五十音順や業種別の五十音順に並べるのが一般的です。
2）両面印刷だからといって、名刺を2枚もらうようなことはありません。
3）使った名刺は**ガイドのすぐ後ろ**に戻すようにすると、よく使うものが集まり、あとで整理するときに便利です。
4）名刺をサイズ別に整理するということはありません。

解答　5）

Section 9 文書の種類

試験では、文書の名称と内容を問う問題が出題されています。おおよそ文書の名称から内容が類推できるものばかりですが、ここは確実に点数をとりたい項目ですから、気を抜かず、しっかり覚えてください。

❶ 社外文書の種類

依頼状	送付、照会、調査などを依頼する文書
照会状	在庫の有無、商品の着否などを問い合わせる文書
回答状	照会に対する返事の文書
督促状(とくそく)	送金などを催促する文書
紹介状	知人などを、面識のない相手（自分の知人）に引き合わせるために書く文書

❷ その他の文書の種類

始末書	事故や過去の過失をわびるために書いた文書
念書	後日の証拠として、念のため作成して相手に渡す文書
上申書(じょうしん)	上司や上部機関に意見を申し述べる文書
伺い書	上司や上部機関に指示をもらうための文書
注文書	商品仕入れなどを注文する文書

出る順テスト

次の文書は、ある文書のことを説明している。中から不適当と思われるものを選べ。

1) 貸した金を返してほしいときなどに書くのは、「督促状」である。
2) 上司や上部機関に意見を申し述べるときに書くのは、「伺い書」である。
3) 会社の車で交通事故を起こしてしまったときに書くのは、「始末書」である。
4) お客様が商品を注文するときに使うのは「注文書」である。
5) 在庫の有無などを問い合わせる文書は「照会状」である。

解答と解説

上司や上部機関に意見を申し述べるときに書くのは、「上申書」です。「伺い書」は、上司や上部機関に指示をもらうための文書です。

解答　2)

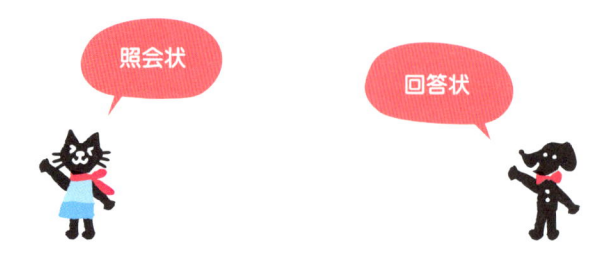

Section ⑩ 社外文書の種類と書き方

社外文書では、時候の挨拶や、礼儀を重視した言葉遣いを多用します。これらは秘書検定でもよく出題されるところなので、しっかり覚えておきましょう。試験当日にも総チェックしておきたいところです。

❶頭語と結語

頭語　外部に出す手紙や文書の**書き出し**に使う語。たとえば「拝啓」は「つつしんで申し上げます」という意味で使う

結語　頭語と対になっている語を使い、**結び**の言葉とする。「つつしんで申し上げました」（敬具）や「取り急ぎ書きました」（草々）という意味で使う

■頭語と結語の種類

文書の種類	頭語	結語
一般的な文書	拝啓	敬具
前文を省略するときの文書	前略	草々
急ぎの文書	急啓　急白	草々
返信の文書	拝復	敬具
儀礼的な文書	謹啓	敬白　敬具
その他の文書	（頭語のないもの）	以上

❷社外文書（商用）のフォーム

① 文書番号	商用の社外文書には入れる
② 発信日付	
③ 受信者名	
④ 発信者名	
⑤ 件名	
⑥ 前文	挨拶文。拝啓や前略などの頭語で始め、時候の挨拶や相手の安否を気づかう文章を書く
⑦ 主文	書き出しは1字下げる。通常は「さて、」で始まり社内文書より丁寧な敬語を用いることを心がける
⑧ 末文	書き出しは1字下げる。通常は「まずは」などで始まり、最後には「敬具」「草々」などの結語を添える。必ず頭語に合わせた結語を用いること
⑨ 記	
⑩ 1.□□□　2.△△△	社内文書同様、箇条書きにする
⑪ 付記	付記として追伸や同封物などの添え書きをする
⑫ 以上	内容をすべて書き終えたという意味で、「以上」を記載する。この言葉は、これ以外の文章を加えられないようにする役割も果たしている
⑬ 担当者（名）	部課名、氏名、電話番号を記載する

102

（それぞれの項目の記載例）

　①営業発09-53号

　②平成○年4月1日

　③R株式会社

　　　営業課長　阿部良一様

　④Y株式会社

　　　営業部長　森田昭一

　⑤当社製品送付について

　⑥拝啓　春暖の候　貴社ますますご発展のこととお喜び申し上げます。

　⑦　さて、先日お申し込みのありました当社製品を下記の通り送付させていただきましたので、ご査収のほどよろしくお願い申し上げます。

　⑧　貴社のますますのご発展をお祈りいたしますとともに、今後ともご用命たまわりますようお願い申し上げます。　　　　　　敬具

　⑩1．商品名　　キッチンタイマー

　　2．個数　　6000個

　⑪同封物　　請求書　1通

　⑬Y株式会社　　担当　営業部　山本

　　電話　03－××××－××××

❸ よく使われる前文

企業や団体にあてた場合

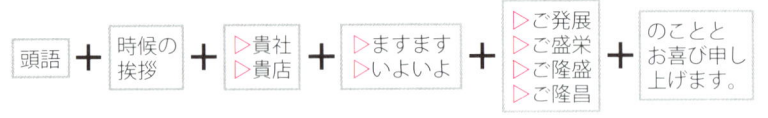

[頭語] + [時候の挨拶] + [▷貴社 / ▷貴店] + [▷ますます / ▷いよいよ] + [▷ご発展 / ▷ご盛栄 / ▷ご隆盛 / ▷ご隆昌] + [のこととお喜び申し上げます。]

▷マークは、いずれかのものを使う

個人にあてた場合

[頭語] + [時候の挨拶] + [ますます] + [▷ご健勝 / ▷ご清祥] + [のこととお喜び申し上げます。]

感謝の気持ちを表す場合

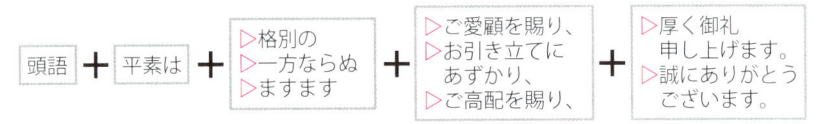

[頭語] + [平素は] + [▷格別の / ▷一方ならぬ / ▷ますます] + [▷ご愛顧を賜り、 / ▷お引き立てにあずかり、 / ▷ご高配を賜り、] + [▷厚く御礼申し上げます。 / ▷誠にありがとうございます。]

> お悔やみ状や見舞状は、頭語、前文は省略して本文から書き出します

❹ よく使われる末文

一般

まずは、取り急ぎご連絡申し上げます。

まずは、お礼かたがたご報告申し上げます。

まずは、<u>略儀ながら</u>、<u>書中をもって</u>ご挨拶申し上げます。
　　　　　　①　　　　　　②

意味　①簡略（略式）だが
　　　②書面（手紙）で

相手に出席を依頼するとき

<u>万障お繰り合わせ</u>のうえ、<u>ご来臨</u> <u>賜りますよう</u>お願い申し上げます。
　　　　①　　　　　　　　　②　　　　③

> 意味　①お忙しいところ申し訳ありませんが、都合をつけて
> 　　　　（万障：いろいろな不都合な事情、あらゆる障害）
> 　　　②「出席」の尊敬語
> 　　　③「〜してほしい」という意味の尊敬語

人を紹介するとき

<u>ご引見</u>くださいますようお願い申し上げます。

> 意味　会うこと

資料などを送付したとき

<u>ご査収</u>のほどよろしくお願い申し上げます。

> 意味　調べて受け取る

贈答品を送付したとき

<u>ご笑納</u>ください。

> 意味　つまらないものだが、快く受け取ってほしい

Section ⑪ 社交文書の種類と書き方

Cランク

社交文書は、さらに相手との交流を深めるという目的があります。社外文書のように決まった形式はなく、手紙形式の私信に近いものです。秘書は上司に代わって、こうした文書の代筆や草稿の作成も行います。

❶社交文書のフォームの一例

1字下げ

拝啓　秋冷の候、ますますご健勝のこととお喜び申し上げます。

さて、突然ではございますが、清水宏晃氏をご紹介申し上げます。同氏は、当社の有力な得意先である清水商事株式会社の社長で、小田原市の商工会議所の会頭をされております。かねてより貴社のお取扱商品について、特別の興味をお持ちとのことなので、ここにご紹介申し上げます。

つきましては、なにとぞよろしくご引見くださいますようお願い申し上げます。

敬具

平成〇年十月三日

唐澤産業株式会社
代表取締役　唐澤敏哉様

株式会社野間商事
代表取締役　野間清志郎

❷時候の挨拶

月	時候の挨拶	参考知識
1月 むつき （睦月）	新春（しんしゅん）　初春（しょしゅん）　厳寒（げんかん）　小寒（しょうかん）	小寒は1月5日ごろ 大寒は1月20日ごろ
2月 きさらぎ （如月）	余寒（よかん）　向春（こうしゅん）　立春（りっしゅん）	立春（2月4日ごろ）までは厳寒も使う
3月 やよい （弥生）	春分（しゅんぶん）　早春（そうしゅん）	春分の日は3月21日ごろ
4月 うづき （卯月）	陽春（ようしゅん）　春暖（しゅんだん）	おだやかで、暖かさを感じさせる言葉が多い
5月 さつき （皐月）	新緑（しんりょく）　薫風（くんぷう）	薫風の読み「くんぷう」は、「ふ」ではなく「ぷ」であることに注意
6月 みなづき （水無月）	初夏（しょか）　梅雨（つゆ）　向暑（こうしょ）　入梅（にゅうばい）	入梅とは、梅雨入りのこと
7月 ふみつき （文月）	盛夏（せいか）　炎暑（えんしょ）　酷暑（こくしょ）	過去の試験で、盛夏を7月・8月として問う問題が出題されているが、一般的には、盛夏は7月の時候の挨拶
8月 はづき （葉月）	残暑（ざんしょ）　立秋（りっしゅう）　（盛夏（せいか））	立秋は8月7日ごろ
9月 ながつき （長月）	新秋（しんしゅう）　初秋（しょしゅう）　秋涼（しゅうりょう）	秋分の日は9月23日ごろ
10月 かんなづき （神無月）	秋色（しゅうしょく）　紅葉（こうよう）　秋冷（しゅうれい）　錦秋（きんしゅう）	錦秋とは、紅葉が錦の織物のように美しい様子のこと
11月 しもつき （霜月）	晩秋（ばんしゅう）　向寒（こうかん）　暮秋（ぼしゅう）	本格的な寒さを感じさせる言葉が多い
12月 しわす （師走）	師走（しわす）　歳晩（さいばん）　歳末（さいまつ）	年の暮れを感じさせる言葉が多い

※赤色のものは必ず覚えること！

❸社交文書で注意すること

▶ 原則的には、縦書きにする
▶ 多人数に送る場合（案内状や招待状など）は印刷物にするが、特定の人物にあてた場合や形式を重んじる場合は自筆で書く
▶ 送る時期を逸しない。礼状などは、なるべく早く出す

出る順テスト

次は社交文書を書くときにA子が行っていることである。中から下適当と思われるものを選べ。

1）見舞状には、前文を書かずに本文のみを書いている。
2）出張などで世話になった人への礼状はできるだけ早く出している。
3）お悔やみ状を書くときは、本文のみを書き、前文は省略している。
4）社交文書を代筆したときは、「（代）秘書A子」と署名している。

解答と解説

秘書が文書を代筆したとしても、発信者は上司の名前にします。

解答　4）

出る順テスト

次の時候の挨拶で、月と用語が一致しないものを選べ。
1）3月……早春の候　2）11月……晩秋の候
3）6月……盛夏の候　4）12月……師走の候

解答と解説

3）「盛夏の候」は7月です。6月は、「初夏の候」などです。

解答　3）

Section ⑫ 文書の取り扱いと受け渡し

Cランク

この項目からの出題は、秘書が開封するべき文書、開封してはいけない文書、受信・発信の際の注意点などが択一式問題で出題されています。基本ルールを押さえておけば正解を導くのは難しくありません。

❶ 文書の発信

▶封筒の書き方
- 次ページの❹を参照

▶発信事務
- 文書受渡簿や発信簿に記帳する（社内での取り扱いなら、受領印をもらう）
- 「親展」「重要」「至急」などのわきづけは明確に書く
- 一般書留や簡易書留など、郵便の種類によっては郵便局で控えをもらい、私信、公信とも保管しておく
- 必要に応じて発信文書のコピーを保管する

❷ 文書の受信

▶秘書が開封してもよい文書
- 社用封筒で届いた文書
- ダイレクトメールなど
- 挨拶状
- 明らかに私信でないと見なされる文書

▶秘書が開封してはいけない文書
- 上司個人にあてられた文書
- 社用封筒以外の封筒で送られてきた文書
- 「書留」や「現金書留」などで、上司から指示されていないもの
- 「親展」など、封筒にわきづけが書かれているもの

▶ 開封後の処理
- 必要に応じて**文書受信簿に記帳**する
- 内容を確認し、重要文書や至急文書は**封筒と一緒**にして上に重ねる（重要な手紙が上になるようにする）
- 上司からの指示により**重要箇所にアンダーライン**を引く
- 内容に関係のある資料は添えておく（取引先のパーティーの案内状などには、その日のスケジュールを添付するなど）
- 添付書類の有無や、請求書や明細書があれば**金額を確認**する
- ダイレクトメールなど、**明らかに不要と思われるものは廃棄**する

❸ 上司への受け渡しの手順
▶ 文書受信簿に記帳する
▶ 未開封の文書は、開封した文書と区別して上司に渡す
▶ 上司からの指示があれば、秘文書受領の旨を発信者に連絡する

❹ 封筒の書き方例

〔横型封筒を使う場合〕

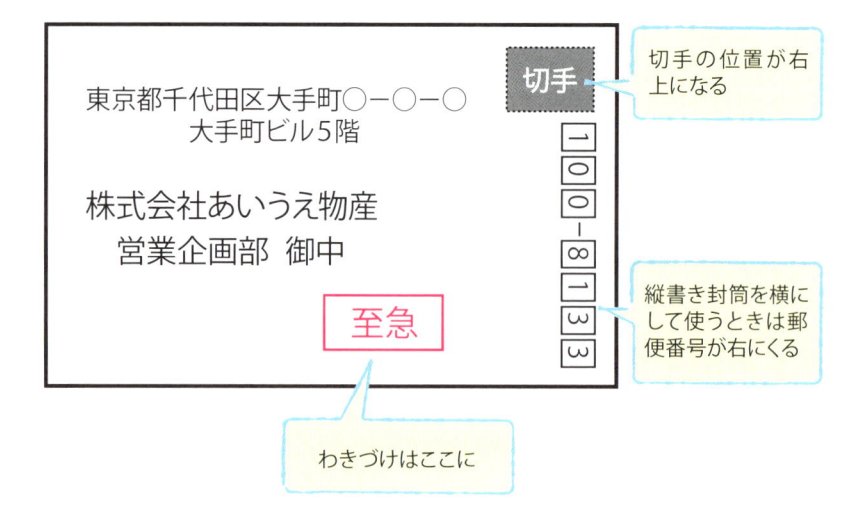

東京都千代田区大手町○-○-○
大手町ビル5階

株式会社あいうえ物産
　営業企画部　御中

至急

切手

1 0 0 - 8 1 3 3

- 切手の位置が右上になる
- 縦書き封筒を横にして使うときは郵便番号が右にくる
- わきづけはここに

〔縦型封筒を使う場合〕

142-1234

東京都品川区東品川三—四

東京出版株式会社
営業部　御中

切手

至急

わきづけはここに書く

ここに、会社の住所や電話番号が印刷されている封筒もある

162-1234

切手

東京都新宿区
西新宿三丁目
3−5

株式会社ウノハウス
　営業課長　殿

❺わきづけの種類

わきづけ	意味
至急	非常に急いでいる
在中	同封物がある 例）「履歴書在中」「請求書在中」
親展	あて名人以外は開封できない
重要	非常に重要な文書である

❻自宅や会社以外の場所に郵便物を送るとき

　ホテルに宿泊している人や、ほかの会社のオフィスに一時的に間借りしているような人に郵便物を送るときには、「気付」という表現を使います。

・「気付」の使用例

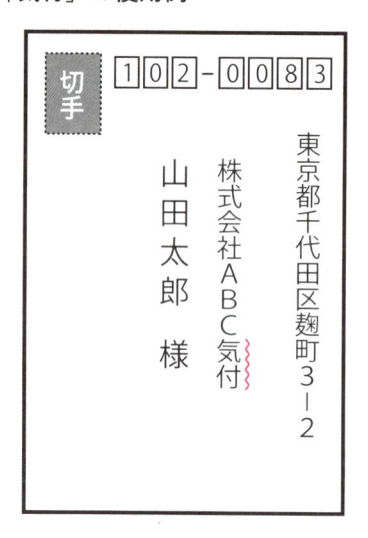

```
切手  102-0083
東京都千代田区麹町3－2
株式会社ABC気付
山田太郎　様
```

```
切手  150-0031
東京都渋谷区桜丘町24－5
渋谷山ホテル気付
吉田政夫　様
宿泊日　3月5日
```

※客室数の多いホテルの場合は、確実に相手に届くように、「宿泊日」もわきづけに書くなどの配慮があるとよいでしょう。

出る順テスト

次は秘書A子が受信した文書を上司に渡すときに行っていることである。中から適当と思われるものを選べ。

1）開封した文書で必要と思われる箇所に、アンダーラインを引いて渡している。
2）「現金書留」や「書留」でも「速達」の表示があるものは開封して渡している。
3）裏に個人名と自宅住所が自筆で書かれていても、社用の封筒のものはすべて公信とみなし、開封している。
4）他部署あての郵便物があったら、念のため内容を確認している。
5）開封した郵便物の封筒は後処理のためA子が保管し、文書のみを上司に渡している。

解答と解説

2）「現金書留」や「書留」の表示があるものは、上司の指示がないかぎり開封しないで渡します。
3）社用封筒でも、裏に個人名が自筆で書かれていれば、私信と見なします。
4）他部署あての郵便物はA子が内容を確認するまでもなく、そのまま担当部署へ渡すのが適切です。
5）封筒は中の文書とクリップでとめるなどして、一緒に上司に渡します。

解答　1）

Section ⓭ オフィスの環境整備

Cランク

秘書はよりよい環境の中で上司が業務を遂行できるよう、使用目的に合わせた室内の壁の色調や、上司執務室のレイアウトについても学んでおく必要があります。

❶部屋の清掃

過去に出題された掃除方法には、次のものがあります。覚えておきましょう。

清掃対象	掃除方法
オフィス機器	専用のクリーナーで汚れを落としたあと、乾いた布でふく
陶器	乾いた布でふく（割らないように注意）
油絵	筆でホコリを払う
カーペット	掃除機をかける。シミは中性洗剤をつけてふいたあと、乾いた布でふく
革製品	革専用クリーナーをつけてふく（革のソファなど）
金属製置物	羽ばたきでホコリを静かにぬぐう

▶パソコンなどの清掃
- 静電気でホコリをとる化学雑巾、ＯＡ機器用のはたき、乾いた布が適している

204

❷色彩調節

▶ **上司室、会議室、役員室**
- 緑や茶系の中間色。心理的効果としては鎮静作用があるので、集中力を必要とする部屋に適している

▶ **応接室、集会場**
- クリーム色や赤系統の暖色。和やかな雰囲気が必要とされる部屋に適している

▶ **病院など**
- 青系統の寒色。清潔感を必要とする場合に適している

出る順テスト

次は部屋の環境整備について秘書A子が行っていることである。中から<u>不適当</u>と思われるものを選べ。

1) ブラインドはほこりを羽ばたきで払っている。
2) 本革張りのソファなどは固く絞った雑巾でふいている。
3) キャビネットの汚れは家具用洗剤でふいている。
4) OA機器やパソコンのディスプレイは故障の原因になるので水ぶきはしない。
5) クロス張りの壁は、乾いた雑巾でふいている。

解答と解説

革製品は専用のクリーナーを使って、汚れを落とすようにします。

解答　2)

Section ⑭ 職場のレイアウト

Dランク

試験では、秘書と上司の席のレイアウトについてよく出題されています。「よい職場環境とは、仕事をしやすい環境である」ということを認識して、それをかなえるための環境整備の具体策を考えてみましょう。

❶室内のレイアウト

■上司と秘書が同室の場合

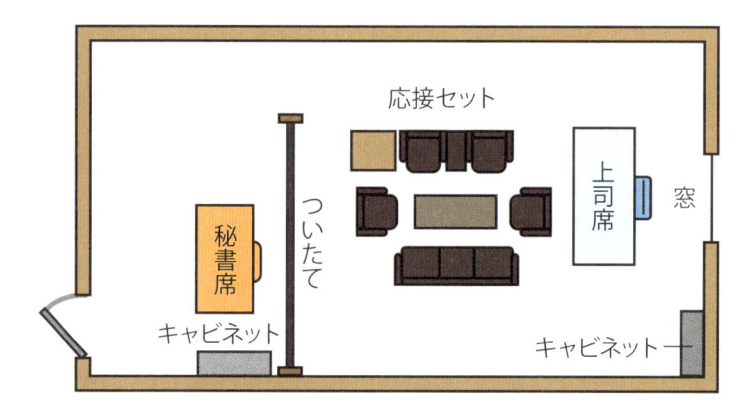

（図：応接セット、上司席、窓、ついたて、秘書席、キャビネット）

■上司と秘書が別室の場合

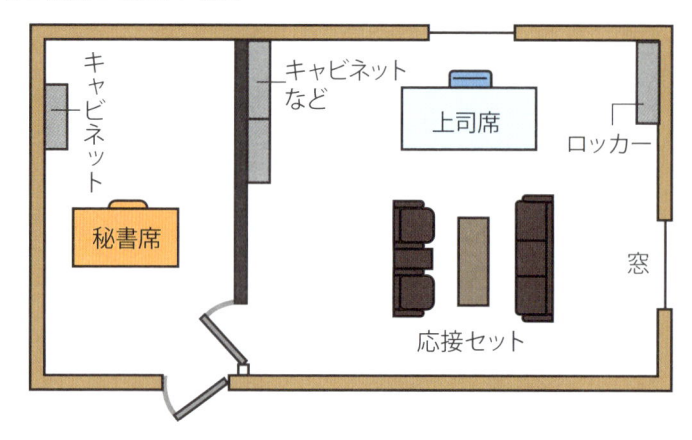

（図：キャビネット、キャビネットなど、上司席、ロッカー、秘書席、応接セット、窓）

❷室内レイアウトの注意事項

▶同室の場合は、上司と秘書が向き合わないよう机を設置する
▶入口から上司席が見えないよう工夫する
▶ついたてを利用する
▶窓が上司席の後ろ側、もしくは左側になるよう上司席を設置する
▶仕事の効率を考慮して備品を設置する

出る順テスト

秘書A子と上司は同室で仕事をしている。その場合のレイアウトはどのようにすればよいか。次の中から不適当と思われるものを選べ。

1）A子の席は出入口近くで、来客があればすぐにわかるようにする。
2）応接セットは来客が上座になるように設置する。
3）A子の席の後ろ側についたてを置き、上司席が入口から見えないように工夫する。
4）応接セットは上司席の近くで入口から見えないところに置く。
5）上司の席は、人の出入りがよく見えるところにする。

解答と解説

上司の席から人の出入りが見えるということは、入口からも上司席が見えるということですから、このようなレイアウトはよくありません。

上司席と秘書席の配置を左ページのイラストで、もう一度確認してみましょう。

解答　5）

合格体験記④

秘書検定合格で、あこがれの受付業務に異動

都倉　慶子（22歳）

準1級合格／優秀賞受賞
銀行勤務　白梅学園短期大学卒業

夢の実現と就職活動のために

　私が受験を決めたのは、「自分の適性を生かした仕事に就く」という夢があり、人と接することが好きで、「秘書や受付のような仕事に就けたら」と、思っていたからです。

　また、「資格を取得することによって、就職活動を有利に進めたい」とも考えていたからです。実際、秘書検定の勉強は、企業との面接に大変役立ちました。ビジネス文書、マナー・接遇から技能にいたるまで、社会を理解する手がかりにもなりました。

人事面接で、合格をアピール

　私の場合、受験勉強は専門学校を利用しました。そこで、佐藤一明先生（本書の著者）にお世話になったのです。大変熱心な先生で、面接を練習する機会を設けてくださり、試験当日に着ていく衣服のチェックなど、親身になって指導してくださいました。

　おかげさまで、準1級に合格、実務技能検定協会から「優秀賞」までいただくことができました。

　その後、無事就職が決まり、銀行に入行しました。銀行では支店の窓口を担当しました。多少は人と接する機会がある窓口業務に就けたわけですが、欲が出てきて、人事面接のときに自己アピールをしたのです。秘書検定を取得済みであることも伝えました。そのかいあって、憧れの受付に配置換えになりました。私が夢を実現できた鍵は、秘書検定合格にあったと思います。

PART 6

記述対策
マナー・接遇

記述対策「マナー・接遇」の傾向と対策

言葉遣いと上書きはしっかり押さえよう

　お客様と接するとき、上司と会話するとき、「マナー・接遇」の常識を心得ておくことは、一人の社員としてはもちろんのこと、会社の信頼を高めるためにも必要なことです。ですから、秘書検定試験においても最も多く出題されるのが、この分野なのです。そして中でも多く出題されるのが「尊敬語」「謙譲語」「接遇用語」「上書き」です。

　秘書の勉強を「大ざっぱな理解でよい」と思っている人もいるかもしれません。しかし、「尊敬語」「謙譲語」「接遇用語」「上書き」については繰り返し勉強し、正確に暗記することが重要です。これは択一式問題についても記述式問題についてもいえることです。

出る順ランク

Aランク ★★★★★

Section ❶〜❽ 敬語・接遇用語関連（212 〜 224 ページ）
Section ❿ 上書き（226 ページ）

B ランク

Section ❾ お客様への電話応対（225 ページ）
Section ⓫ 上書きの書き方（228 ページ）
Section ⓭ 訃報を受けたときの対応（239 ページ）

C ランク

Section ⓬ 連名での祝儀袋の書き方（230 ページ）
Section ⓭ あて名の書き方（234 ページ）
Section ⓮ 予約なしに転勤の挨拶に来た客への対応（235 ページ）
Section ⓯ 弔事の基本用語（236 ページ）
Section ⓰ 葬儀での言葉遣い（237 ページ）

D ランク

Section ⓱ 弔事の順序（238 ページ）

「マナー・接遇」の出題数

	3 級	2 級	準 1 級
記述式	2 問	2 問	3 問

マナーは役立つ！

Section ❶ 尊敬語・謙譲語・接遇用語の使い分け

Aランク

秘書検定の択一式問題、記述式問題では、尊敬語、謙譲語、接遇用語の問題が必ず出題されます。絶対に避けて通れないところです。

出る順テスト

次の下線部分を2通りの丁寧な言い方に直せ。
1) 来客に「はい、<u>わかりました</u>」
2) 来客に「<u>言いにくいのですが</u>」
3) 部長に対して、「この本を<u>見たら</u>お返しください」
4) 部長に対して、「部長会議の件は<u>聞いているか</u>」

解答と解説

1) かしこまりました
　　承知いたしました
2) 申し上げにくいのですが
　　申しかねますが
3) ご覧になりましたら
　　お目通しになりましたら／お読みになりましたら
4) お聞きになっていらっしゃいますか
　　お耳に入っていらっしゃいますか／ご存じでしょうか

　1) は、来客に対しての言葉ですから、接遇用語を使います。
　2) は、来客に対して、自分のことを表現する言葉ですから、謙譲語です。
　3) と4) は、上司に対しての言葉なので、尊敬語です。

出る順テスト

次の言葉の下線部分を、意味を変えずに秘書が言う丁寧な言葉に直して、それぞれ2つずつ答えよ。

1）上司へ
　「いいえ、そのようなことは<u>聞いてません</u>」
2）取引先の会社に電話で
　「そちらさまへ<u>行きたい</u>と存じますが、最寄り駅をお教えくださいませんか」
3）上司の不在中に不意に訪れた来客に対して
　「<u>よかったら</u>代わりの者がお話を承りますが」

解答と解説

1）うかがっておりません／拝聴しておりません
2）伺いたい／おじゃましたい／参りたい
3）よろしければ／お差し支えなければ

　1）と2）は自分（秘書）の行動のことなので謙譲語を使います。
　3）は、接遇用語です。「お差し支えございませんでしたら」でもいいです。

　下線部を、秘書が言う言葉に直す問題は、多く出題されていますが、意外と下線部ではないところまで答えて不正解になる人もいます。下線が引いてあるところを見間違えないようにしましょう。慎重に！

Section ❷ 謙譲語

Aランク

謙譲語は自分のことを言うときや、客に対して自社の人のことを表現するときに使います。自らがへりくだり、それによって相手に対して敬意を示す言い方です。

出る順テスト

次の下線部分をそれぞれ2通りの謙譲語に直せ。
1)「社長の本を借りたいのですが……」
2)「社長からもらったものです」
3)「貴社に行きます」
4)「お客様の考えを聞きたい」
5)「お手紙を見ました」

解答と解説

1) 拝借したい／お借りしたい
2) いただいた／ちょうだいした
3) 参ります／伺います
4) 伺いたい／拝聴したい
5) 拝見しました／見せていただきました

　試験では、2通りの言い方を問われることもあります。謙譲語がスラスラ出てくるように、繰り返し、直す練習をしておきましょう。

Section ❸ 使ってはいけない敬語（二重敬語）

Aランク

二重敬語とは、敬語を二重に使用しているものです。なぜ二重敬語がいけないかというと、丁寧すぎて過剰な敬語になってしまうからです。

出る順テスト

次の下線部分を正しい敬語に直せ。
1) 上司に「取引会社の渡辺様が<u>お見えになられました</u>」
2) 突然訪問した客に「そのようなことを<u>おっしゃられても</u>困ります」
3) 会社の社員に「佐藤専務は会社を<u>お出になられました</u>」
4) 部長に対して「来週の金曜日に<u>ご出張でいらっしゃいますね</u>」

解答と解説

1) 来られました（られを用いる）
   お見えになりました（おを用いる）
2) 言われても（られを用いる）
   おっしゃいましても（おっしゃるを用いる）
3) 出られました（られを用いる）
   お出になりました（おを用いる）
4) ご出張ですね（ごを用いる）
   出張でいらっしゃいますね（いらっしゃるを用いる）

問題文の下線部は、いずれも二重敬語になっています。2通りずつ解答がありますが、どちらでも正解です。

Section ❹ 接遇用語

A ランク

接遇用語は客に対応するときの言葉遣いです。試験対策は「慣れること」しかありません。スラスラと言えるまで繰り返し練習しましょう。

出る順テスト

次の言葉を正しい接遇用語で表現しなさい。
1)「誰ですか」
2)「何の用ですか」
3)「いま、席にいません」
4)「知っていますか」

解答と解説

1) 失礼ですが、どちら様ですか
   失礼ですが、どなた様でいらっしゃいますか
2) どのようなご用件でしょうか
   どのようなご用向きでしょうか
3) ただいま席をはずしております
4) ご存じでいらっしゃいますか

1)「失礼ですが」も忘れずにつけましょう。あるいは「恐れいりますが」でもいいです。
2)「用」は「ご用件」「ご用向き」となります。
3)「いま」は「ただいま」です。
4)「知る」は「ご存じ」です。

出る順テスト

次の「　　」内の言葉を接遇用語に直せ。
1)「上司の佐藤課長に伝えます」
2)「悪いが、そういうことはできない」
3)「ここへ来てください」
4)「こっちから行きます」

解答と解説

1)（上司の）佐藤に申し伝えます
2) 申し訳ございませんが、そのようなことはできかねます
3) こちらへお越しいただけますか
　 こちらへいらっしゃっていただけますか
4) こちらからお伺いいたします
　 私のほうから参ります

1) 謙譲語の「申す」という言葉を加え、「申し伝えます」と表現するのがポイントです。「佐藤」は、「課長の佐藤」と表現しても正解です。
2)「悪いが」は「申し訳ございませんが」です。
3)「ここ」は「こちら」となります。
4)「こっちから」は「こちらから」「私のほうから」となります。

　2通り解答があるものは、どちらでも正解です。

出る順テスト

次のような状況のとき、秘書は客にどのように言うか。正しい接遇用語で答えよ。

1）客が上司を訪ねてきたとき。
2）上司を訪ねてきた客に２号館まで行ってもらいたいとき。
3）客は秘書と２号館まで行ったのだが、そこに上司はいなかった。そこで、帰る客から上司への伝言を頼まれたとき。

解答と解説

1）いらっしゃいませ。失礼ですが、どちら様でいらっしゃいますか。
　いらっしゃいませ。申し訳ございませんが、お名前をちょうだいできますでしょうか。
2）恐れ入りますが、２号館までご足労願えませんでしょうか。
　申し訳ございませんが、２号館までいらっしゃっていただけませんでしょうか。
3）かしこまりました／承知いたしました。戻りましたら、確かに申し伝えます。

1）「いらっしゃいませ」を忘れないようにしましょう。
2）接客時には、「恐れ入りますが」「申し訳ございませんが」は定番の言葉です。
3）「かしこまりました」「承知いたしました」という表現はよく出てくるので、スラスラ書けるようにしておきましょう。

　場面を提示される問題では、その場面を想像してみてください。お客様の姿を思い浮かべると、意外と言葉が出てくるものです。

Section ⑤ 社内の人の呼び方

A ランク

会話の中に、客と上司が登場してくる場合、客の前では、上司も自分の側に属します（自分の身内になるということ）。つまり、上司であっても謙譲語で表現することになるのです。

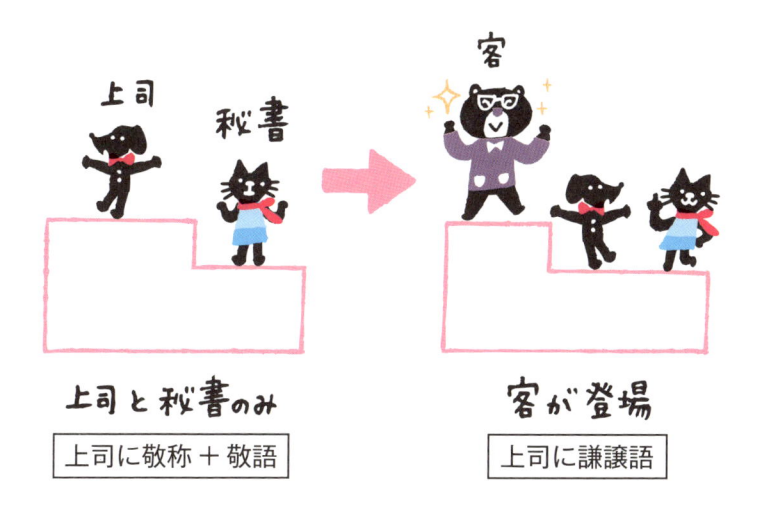

上司と秘書のみ
上司に敬称＋敬語

客が登場
上司に謙譲語

出る順テスト

次の「　」内の言葉を、社外の人に対して社内の人を呼ぶときの正しい敬語表現に直せ（上司は中村社長）。

1）社長を訪ねて来た客に対して
　「はい。中村社長ですね。だれですか」
2）社長を訪ねてきた客に対して
　「中村社長はお電話で話し中ですが、すぐいらっしゃいます」
3）社長を訪ねてきた取引先の部長に対して
　「はい、中村社長は席にいらっしゃいます」

解答と解説

1）承知いたしました。中村ですね。失礼ですが、どちら様でいらっしゃいますか
　承知いたしました。中村ですね。失礼ですが、どなた様でいらっしゃいますか
2）承知いたしました。中村は電話中ですが、すぐに参ります
3）はい、中村は席におります
　はい、社長の中村は席におります

　1）のように、自分の上司は呼び捨てにし、「中村」と表現します。「社長」という役職名も一種の敬語ですから、お客様との関係においては、「中村社長」とは言いません。

　また、「どちら様ですか」よりも、「どちら様でいらっしゃいますか」という敬語表現をするほうが適当です。

　2）のように、上司である中村社長に対しては、その場に客がいるので、謙譲語を使います。したがって、中村社長を「中村」と言い、お電話の「お」を消します。敬語の「いらっしゃいます」は、謙譲語の「参ります」という表現に変えます。

　3）のように、自分の会社の人に対しては、「いらっしゃいます」という敬語を使うのは誤りです。「おります」と表現します。

　敬語を使い慣れないうちは、なんとなく、「社長を呼び捨てするなんて、いいのだろうか？」と心配に感じるかもしれません。しかし、これが実社会のマナーなのです。

社長も呼び捨てOK！

Section ❻ 上司の身内への言葉遣いと電話応対

Aランク ★★★★

上司の家族は「社外の人」ですが、秘書が上司の家族と話す場合には、上司に対して敬語を使います。電話をかけてきた側も、自分の家族の名前を呼び捨てにされたら、ビックリしてしまいますよね。

出る順テスト

次の言葉を正しい敬語表現に直せ。
1）会社の同じ課の先輩山田さんの家族からの電話に対して
　「山田は食事に出ております」
2）上司の留守中に、上司の家族からかかってきた電話に
　「専務の山田はただいま外出中ですが、いかがいたしましょうか」
3）唐沢会長の子どもからの電話に対して
　「はい、唐沢は席にいます」

解答と解説

1）山田さんは、ただいま食事に出かけていらっしゃいます
2）専務さんは、ただいま外出中ですが、いかがいたしましょうか
3）はい。会長さんは、お席にいらっしゃいます

　1）は、先輩社員の家族からの電話なので敬語を使います。

　2）は、上司の身内からの電話なので敬語を使います。専務という役職名は一種の敬語ですが、家族からの電話には、「専務さん」と言います。

　3）は、上司の身内からの電話ですから敬語を使います。また、「会長さん」と呼び、「席」の前には、「お」をつけます。さらに、「いる」の敬語である「いらっしゃいます」を使って表現します。

Section ❼

地位の異なる上司への言葉遣い

Aランク

地位の異なる上司に対して、「自分の上司である」という理由で、全員同等レベルの敬語を使うのは誤りです。上司間の地位の上下を考慮し、敬語にも、尊敬の程度の強弱をつける必要があるのです。

上司の地位によって、敬語のレベルに強弱をつける

地位が上	地位	地位が下
強い敬語を使用 「お（ご）〜になる」 「〜いらっしゃる」	敬語の強弱	弱い敬語を使用 「〜れる」「〜られる」
部長に対し、社長の動作について話す 「社長が**いらっしゃい**ました」	使用例	社長に対し、部長の動作について話す 「部長が**来られ**ました」

CHECK！

専務と常務、地位が上なのはどちら？

a. 専務
b. 常務

解答

役職を、地位の高い順に並べると次の通りです。

会長→社長→専務→常務→部長→課長

したがって、答えは「**a. 専務**」です。

出る順テスト

次の「　」内の言葉を正しい敬語表現に直せ。

1）部長秘書が常務に対して
　「常務に時間をとっていただきたいと、山田部長がおっしゃっております」
2）課長秘書が常務に対して
　「はい、山田課長さんは席にいらっしゃいます」

解答と解説

1）常務に時間をとっていただきたいと部長が言われております
2）はい、課長は席におられます

　1）は、同じ会社の常務と部長では、部長のほうが地位が低いわけですから、弱い敬語の「〜れる」の「言われております」という言葉遣いをします。強い敬語の「おっしゃる」という表現を使うのは誤りです。
　2）は、2人とも社内の人間ですから、「課長」という表現を使ってもかまいません。
　しかし、常務と課長ですから、地位の低い課長に対しては、低い敬語の「席におられます」という表現をし、強い敬語の「いらっしゃいます」という表現は使いません。

Section 8 上司席での内線電話への応対

Aランク

内線電話ですから、上司の動作に謙譲語を使う必要はありません。また、敬称の「部長」「専務」という言葉も使えます。

出る順テスト

秘書A子の上司である藤田専務の机の上の内線電話が鳴った。
しかし上司は外出中である。秘書の電話応対として適当と思われる言葉を2つ述べよ。

解答と解説

はい、専務席でございます。
はい、藤田専務の席でございます。

　この問題では、内線電話への応対を聞かれているので、「はい、藤田の席でございます」「専務の藤田の席でございます」という表現（社外の人に対しての言い方）をするのは誤りです。解答のように答えるべきです。

　敬語を使うときは、自分が誰（どういう立場の人）と話しているのかを認識しておくことです。
　話す相手が、上司であるか、社外の人であるか、先輩社員であるか、一般の同僚であるか……ということを瞬時に理解して、言葉を選びましょう。

Section ❾ お客様への電話応対

B ランク ★★★★

お客様にとっては、電話口で応対した人が、その会社の顔になります。わざわざ電話をくださった相手を失望させるようなことを言わないように、お客様の身になって、丁寧に応対しましょう。

　お客様から上司あての電話があったときに、上司がほかの電話に出ていてすぐに出られないというケースはよくあることです。
　このときの応対の仕方としては、まずおわびをすることが大切です。次に、長くなりそうであれば、その理由を述べることが必要です。そして、お客様にどのようにしたらよいかを尋ねるのです。

出る順テスト

取引先のＢ会社の社長から上司の藤田部長へ電話がかかってきた。ところが、上司はほかの取引先と電話中で、すぐに電話に出ることができない。このときの応対の言葉を、順を追って述べよ。

解答と解説

1．大変申し訳ございません。
2．藤田はほかの電話に出ております。
3．長くなりそうですので。
4．こちらからおかけいたしましょうか、それとも、このままお待ちいただけますか。

　流れを押さえて解答することが基本です。冒頭のおわびの言葉を忘れないようにしましょう。

Section ⑩ 上書き

Aランク

非常によく出題される分野です。対策としては、前日にしっかり復習をして、試験10分前に上書きの一覧表をながめ、試験開始後、すぐに解答してしまうことです。忘れないうちに書いてしまいましょう！

出る順テスト

次の場合に用いる上書きを2つずつ書け。
1）謝礼を渡すとき
2）災害・火災のお見舞い
3）栄転のお祝い
4）出生のお祝い
5）結婚のお祝い

解答と解説

1）御礼　薄謝　寸志
2）御見舞　火災御見舞　災害御見舞
3）御祝　御餞別　祝御栄転
4）御祝　寿　御出産祝　祝御出産
5）御祝　寿　祝御結婚　御結婚祝

　1）の「寸志」は、よく出題される上書きです。目下の人に対してのみ用いるので、使い方には気をつけます。
　4）5）の「御祝」や「寿」は便利ですが、「それ以外のものを書け」と言われる可能性もありますので、それぞれのお祝い事に固有の上書きも覚えておきましょう。

出る順テスト

次のお返しの際に用いる上書きをそれぞれ書け。
1）祝い事のお返し
2）不祝儀のお返し

解答と解説

1）内祝
2）志　忌明

1）「内祝」とは、慶事のお祝いに対しての、本人からのお返しのときに使います。
2）読みは、「志」が「こころざし」、「忌明」が「いみあけ」または「きあけ」です。

出る順テスト

次の場合に用いる上書きを書け。
1）交通費という名目で支払う謝礼
2）新築祝
3）上棟式のお祝い

解答と解説

1）御車代
2）祝御新築　新築御祝　御新築祝　御祝
3）祝御上棟　上棟御祝

Section ⑪ 上書きの書き方

Bランク

試験では、のし袋の図版が印刷された解答用紙に、上書きを記入させる問題が出ることもあります。ここで練習しておきましょう。

上書きを書くときのポイント

▶適切な上書きを選び、格式を重んじて丁寧に書く
▶上司の肩書きと会社名を略さず、格式を重んじて丁寧に書く

出る順テスト

秘書A子は上司（㈱山本商事　専務・山田二郎）から、上司名で取引先会社の開店祝いに持参する祝儀袋の上書きを指示された。この場合、どのように書くか。下の祝儀袋に記入せよ。

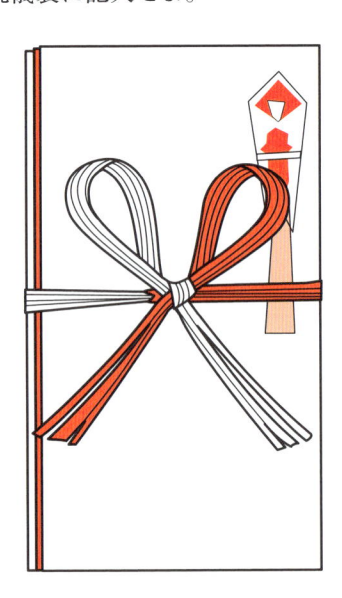

解答と解説

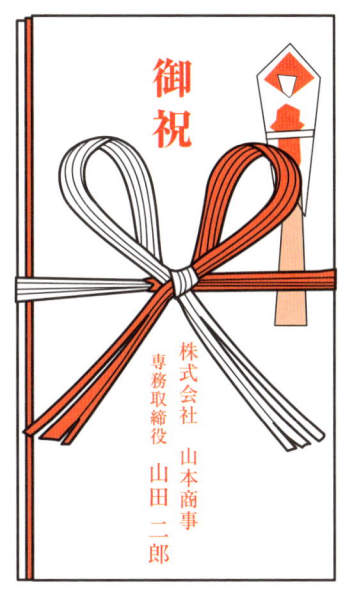

（のし袋の図：上書き「御祝」、下に「株式会社 山本商事 専務取締役 山田 二郎」）

　この問題の場合は上書きには、**「寿」「祝御開店」**を使ってもかまいません。

　問題文に「㈱○○○」とあれば、「株式会社○○○」と正式に書く必要があります。

　こうした略称については、次のものも覚えておきましょう。

（株）……株式会社
（財）……財団法人
（社）……社団法人
（同）……合同会社

　なお、**結婚以外の慶事（何度あってもよい祝い事）**には、蝶結びの水引ののし袋（上図）を用い、**弔事と結婚の場合は結び切り**のものを用います（230ページの図参照。弔事は白と黒の水引）。蝶結びは、何度でも結ぶことができるからで、結び切りは、「一度、結んだらおしまい」という意味なので、一度だけでよいことに使われます。

Section ⑫

連名での祝儀袋の書き方

連名でお祝いを贈るときには、贈る側の名前を書く位置が問題になります。また、贈られる側の名前を記入するかしないかでも位置が変わってきますので、記入位置のルールをしっかり理解しておきましょう。

出る順テスト

結婚のため退社した鈴木陽子に、上司の桜井和也と秘書の北川恵子は連名でお祝いをすることになった。2種類の上書きを書き、祝儀袋を完成させよ。

1)

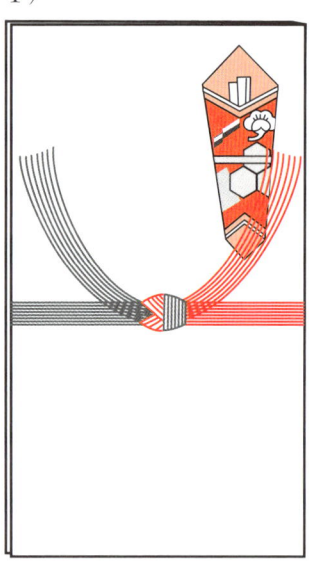

2)

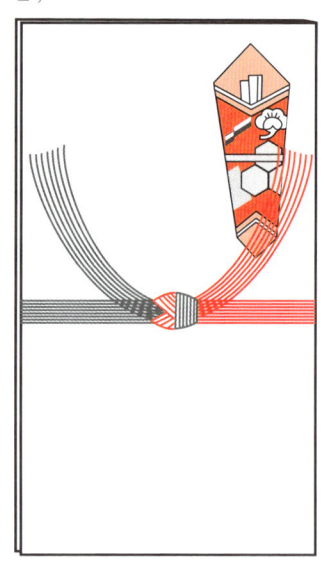

解答と解説

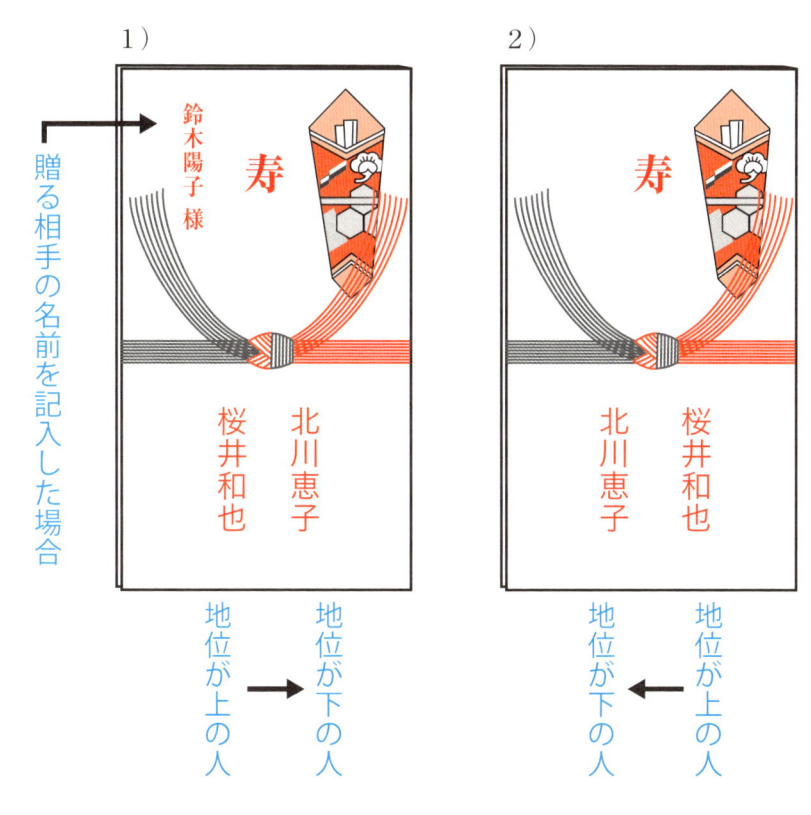

1)

贈る相手の名前を記入した場合 → 鈴木陽子 様

寿

北川恵子　桜井和也

地位が上の人 → 地位が下の人

2)

寿

北川恵子　桜井和也

地位が下の人 ← 地位が上の人

ポイントは、「結婚祝いの上書きの文字を何と書くか？」「2種類の上書きの違いは何か？」「上司と秘書の名前を書く位置はどこか？」ということです。

1）のように贈られる人の名前を記入したときには、贈られる人に近い場所が、上席になります。したがって、上司の名前が左側に来ます。

2）のように贈られる人の名前を書かないときには、右側が上席になりますので、右側に上司の名前を記入します。

また、結婚祝いの場合、祝儀袋は**結び切り**のものを使います。上書きは、「祝御結婚」でも正解です。

出る順テスト

秘書A子のいる総務課では、先輩である田中花子の転勤をともなう人事異動があった。そこで総務課全員で、田中花子に餞別を贈ることになった。秘書A子が用意した下記の祝儀袋に、上書きと贈る側と受け取る側の名前を書き入れるとしたら、どのように書けばよいか。適切な位置に書け。

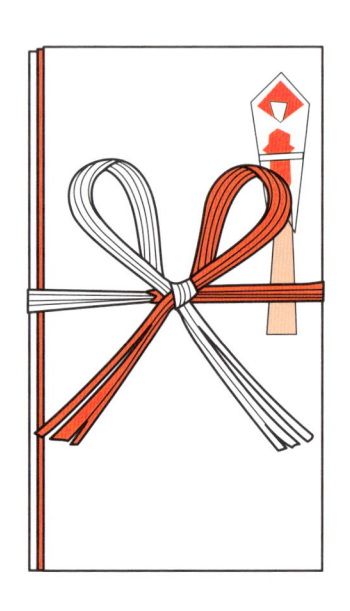

解答と解説

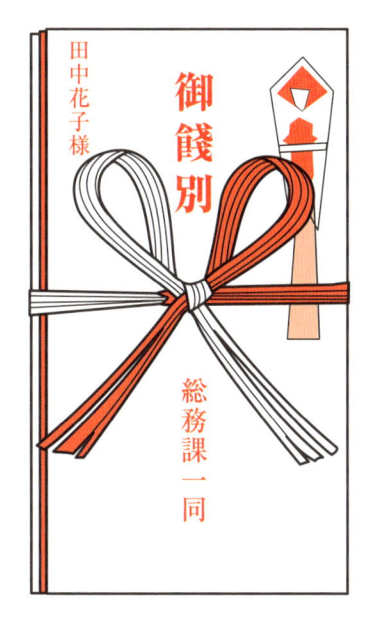

（のし袋の図：上書き「御餞別」、右上「田中花子様」、左下「総務課一同」）

　上書きは、「御餞別」「御祝」とします。
　記名は、部署や趣味のクラブの仲間などでお祝いを贈る場合は、「所属名＋一同」という記名をします。たとえば、「秘書課一同」「営業部一同」「茶道部一同」「○○大学同級生有志一同」などです。
　贈られる側の名前は、左上に記入します。

Section ⑬ あて名の書き方

Cランク

あて名は格式を重んじた書き方が要求されますから、町名や番地も正式に書かなくてはなりません。また会社名や社長の肩書きなども、正確に書く必要があります。

出る順テスト

次のあて名を格式を重んじた書き方で書け。
郵便番号 169-0303
新宿区西新宿 7-2-13
（株）松坂運輸　社長　松坂智久

解答と解説

【封筒イメージ】
切手　169-0303
東京都新宿区西新宿 7-2-13
株式会社松坂運輸
代表取締役社長　松坂智久様

「（株）」や「社長」は、正式名称にします。住所は「新宿区」から始めても届きますが、かしこまった社交文書などの場合は、きちんと「東京都」から書き出したほうがよいでしょう。

個人名なので、敬称は「殿」ではなく「様」をつけます。

Section ⑭
予約なしに転勤の挨拶に来た客への対応

Cランク

急な来客を上司に取り次ぐかどうかを決めるのは秘書の判断です。これには、合理的な理由があるので、それをもとに判断します。

予約なしで転勤の挨拶に来た客があった場合には、次のように考えます。
① 予約なしに来ていても、取り次ぐ方向で考える
② 取り次ぐときに、どのような言葉遣いで対応するのかを考える

出る順テスト

秘書A子の上司（藤田常務）は、いま、接客中である。ところが突然、取引先の部長が挨拶に来た。取締役に昇進して転勤することになったそうだ。そのときの対応の仕方と言葉遣いを述べよ。

解答と解説

藤田はただいま接客中ですが、呼んでまいりますので、少々お待ち願えませんでしょうか（少々お待ちいただけますか）

この場合は、藤田常務に取り次ぎます。その理由は、転勤の挨拶の場合、時間がかかるわけでもなく、ほんの数分で終わるものだからです。面会を断り、あらためて挨拶に来てもらう必要はありません。

Section ⑮

弔事の基本用語

C ランク

用語はキーワードを押さえつつ、きちんと理解して覚えましょう。読みはもちろん、漢字も書けるようにしておきましょう。

出る順テスト

次の用語を説明せよ。
1）会葬　　2）法要
3）社葬　　4）弔問
5）喪主　　6）葬儀委員長

解答と解説

1）弔意を表すために葬式に参加すること
2）故人の冥福を祈って供養すること。追善供養
3）会社の主催する葬儀
4）人の死をいたみ、その遺族を訪問して慰さめること
5）葬儀を行う際の主催者。葬儀の執行名義人のこと
6）社葬など規模の大きい葬儀の場合に、喪主とは別に、葬儀を取り仕切る人のこと

　1）～5）の読みは、「かいそう」「ほうよう」「しゃそう」「ちょうもん」「もしゅ」です。3）の社葬は、会社にとって重要・功績のあった人が亡くなった場合に行われることが多いです。

Section 16 葬儀での言葉遣い

Cランク

葬儀に参列するときの振る舞いは、試験にも出題されるところですが、実社会においてもきちんと身につけておいたほうがよい知識です。

出る順テスト

秘書A子（田中良子）は、上司である常務（藤田利夫）の代理として、取引先の社長の葬儀に参列することになった。このときに、

1）まず、受付で何と言って香典を渡すか。
2）渡す際、受付係に言い添える言葉を述べよ。
3）会葬者名簿にはどのように名前を書くか。

解答と解説

1）藤田から預かってまいりました。
2）このたびはまことにご愁傷様（しゅうしょうさま）でした。心からご冥福（めいふく）をお祈り申し上げます。
　このたびはまことにご愁傷様でした。心からお悔やみ申し上げます。
3）藤田利夫（代）

1）上司のことは「藤田」と呼び捨てにします。
2）これは決まり文句です。何か気のきいたことを言おうとせずに、決まり文句を心をこめて言うことが、弔意を示すことになります。
3）秘書の名前ではなく、上司の名前を書きます。代理の意味を表す「(代)」も記入します。

Section ⑰ 弔事の順序

Dランク

択一式でも記述式でも出題されるところです。内容と意義、その順番をよく整理しておいてください。

出る順テスト

次の用語を説明し、また行われる順番に番号を記せ。
1) 精進落とし
2) 告別式
3) 火葬
4) 通夜
5) 葬儀

解答と解説

〔説明〕
1) 火葬の夜に開催する慰労の会
2) 故人と別れを告げる儀式
3) 遺体を焼いて葬ること
4) 故人が家族などと別れる最後の晩
5) 故人の冥福を祈る儀式

〔順番〕
4) → 5) → 2) → 3) → 1)

Section 18
訃報を受けたときの対応

Bランク ★★★★

この項目では、関係者の訃報を耳にしたときに、「秘書は何をすべきか？」「上司に何を伝えればよいかを答えよ」という問題がよく出題されています。簡潔に書けるようにしておきましょう。

訃報を耳にしたとき、秘書は次の情報を集めなくてはなりません。そして、上司が必要としている情報を報告します。

①**誰が・いつ・どのような原因**で、死亡したのか
②上司が通夜に参列する場合のために、**通夜の日時・場所**
③上司が葬儀に参列する場合のために、**葬儀の日時・場所・宗教**
④弔電を打つために**喪主の氏名・住所・電話番号**

出る順テスト

秘書A子は取引先の会長が死亡したとの知らせを電話で受けた。秘書としてどのような事柄を相手に確認し、上司に伝えるべきか、箇条書きにして4つ記せ。

解答と解説

①死亡した人の氏名 ┐
②死亡した日時   ├ 死者に関する項目
③どのような原因で死亡したか ┘
④通夜の日時・場所 ── 通夜に参列するため
⑤葬儀の日時・場所 ┐
⑥葬儀の宗教   ├ 葬儀に参列するため
（宗教によって、上書きが異なるため）┘
⑦喪主の氏名・住所・電話番号 ── 弔電を打つため

上記の中から、4つ答えれば正解です。

合格体験記⑤

受験勉強は、必ず自分にプラスになる！

浅野　智美（20歳）

2級・準1級ダブル合格
川村学園女子大学　教育学部2年

仲間のおかげで効果的な勉強ができた

　私が秘書検定を受験しようと思ったのは、検定の内容に興味を持ったことと、就職活動に役立てたいと思ったからです。

　初めは自力で学習しようとしましたが、なかなかペースがつかめず、大学内で開講されていた佐藤先生（本書の著者）の対策講座に参加しました。受け身の講義ではなく、参加型のスタイルであったため、わからないところや難しく感じたところを受講生みんなで共有し、自分では気づかなかった点にも気づくことができ、とても効果的でした。

「キーワード暗記法」と「過去問を解くこと」が大事！

　秘書検定の学習内容は、学生の私にとっては聞き慣れない言葉が多いため、まず、テキスト（本書）を読んで、基礎知識を身につけるところから始めました。重要箇所が太字になっているので、とにかくその部分と関連箇所を覚えていきました。

　「一般知識」は実際の試験でも頻出の分野なので、きちんと学習することをおすすめします。私は、言葉の意味すべてを暗記するのではなく、キーワードとなる部分のみを抜粋して、あとは、大まかな意味を把握するようにして覚えました。一字一句正確に覚えていなくても、解答するときに問題はないので大丈夫です！

　ひと通りの内容が身についたあとは、過去問にとりかかりました。初めは択一式問題の選択肢に迷って間違えてしまうことも多かったのですが、何度も解いているうちに、傾向や問題の形式がつかめてくるものです。過去問を繰り返し解くことが合格への近道です！

PART 7

記述対策
技能

記述対策「技能」の傾向と対策

得点力アップ

正確に理解し、答案を書く力をつけよう

　記述式の問題は、○か×かを考える択一式問題と異なり、自分で答えを考えて書かないと点数をもらえません。

　しかし、きちんと暗記しておけば、解答は難しくありません。逆に、択一式問題のように、あれこれ選択肢に迷うことを考えると、択一式のほうが、意外に点数はとりにくいのかもしれません。

　この「技能」分野の特色は、得点しやすいところです。知識的要素が強く、繰り返し練習して覚えることで、かなりの高得点が狙えます。

　そしてまた、ここで学習する内容は、秘書というよりも、一人の社会人として身につけておきたいことばかりなので効果が実感できて、勉強するのが楽しくなります。

　たとえば、社内文書や社外文書の書き方などは、就職しても、イチから教えてもらう機会はそれほどありません。たいてい、見よう見まねで覚えていくしかありません。

　それをじっくり学べるのですから、得した気分になりませんか？

　まずは、この本を信じて取り組んでみてください！

出る順ランク

Aランク ★★★★★

Section ❶ グラフの種類と書き方（244 ページ）
Section ❷ 社内文書の書き方（254 ページ）
Section ❸ 郵送方法（256 ページ）

Bランク ★★★★☆

Section ❹ 社内・社外文書でよく使用される漢字（259 ページ）
Section ❺ 自分側と相手側の呼び方（263 ページ）
Section ❻ 事務用品の名称（266 ページ）

Cランク ★★★☆☆

Section ❼ ファイリング用語（270 ページ）
Section ❽ 名刺整理（273 ページ）
Section ❾ 会議に関する用語（276 ページ）
Section ❿ 手紙（頭語と結語）（278 ページ）
Section ⓫ 会議の開催案内の書き方（280 ページ）
Section ⓬ メモの作成（281 ページ）
Section ⓭ 返信はがきの書き方（284 ページ）

「技能」の出題数

	3 級	2 級	準 1 級
記述式	2 問	2 問	3 問

Section ❶ グラフの種類と書き方

資料作成などで必要となるグラフについては、よく出題されるところなので重要です。その出題傾向としては、データをもとにしてグラフを作成する問題や、さらに適切なグラフを選択するものが多いです。

グラフには種類があり、それぞれのグラフには特徴があります。資料や文書の中でグラフを使うときは、そのグラフの目的（何を表示したいのか）や使うデータの性質に合わせて、最も適したグラフを選択します。

グラフの種類を選択するポイント、書き方を見ておきましょう。

❶ 円グラフ

円グラフには2パターンあります。

パターン1　一般的な円グラフ

▶選択のポイント
- 問題中にある数字の合計が100になるとき
- 内容構成比を見るとき

▶具体例
- 製品別売上高比率

▶書き方
- 時計の12時のところに基線を引き、時計回りに数字の大きいものから順に書く
- 「その他」は、どんなに数字が大きくても、最後に書く

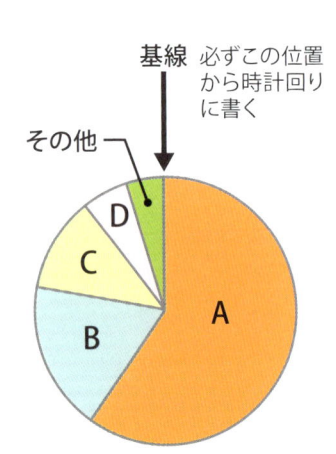

基線　必ずこの位置から時計回りに書く

パターン2　程度を表す円グラフ

▶**選択のポイント**
- 問題中にある数字の合計が100になるとき
- 内容構成比、程度を見るとき

▶**具体例**
- アンケートの調査結果

▶**書き方**
- 時計の12時のところに基線を引き、時計回りに程度の高いものから低いもの（よいものから悪いもの）へと順に書く
- アンケートの調査結果を表示するときは、パーセンテージの大小にかかわらず、「非常によい」「よい」「ふつう」「わるい」「非常にわるい」という程度の高い順に書く
- 「その他」や「無回答」はどんなに数字が大きくても、最後に書く

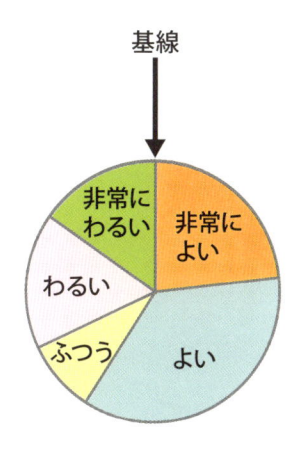

❷折れ線グラフ

▶選択のポイント
- ものの推移、変化を表すとき

▶具体例
- 人口の増減、売上高の推移、労働時間の推移

▶書き方
- 基点を0とし、横軸と縦軸が交わる点を線で結ぶ

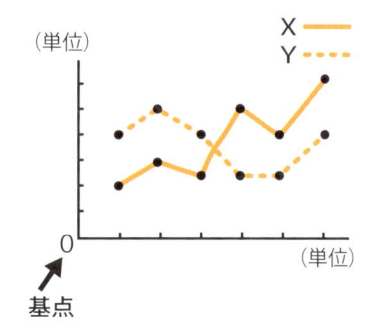

❸帯グラフ

▶選択のポイント
- 複数のものを比較したいとき
- 内容構成比率を比較するとき
- 円グラフを2個以上使いそうなとき

▶具体例
- X店とY店の売上げの内容を比較
- 売上高構成比の年度ごとの推移

▶書き方
- 比較したい項目を、それぞれ同じ順番に並べ、区切り線を点線で結ぶことにより、より比較しやすくする

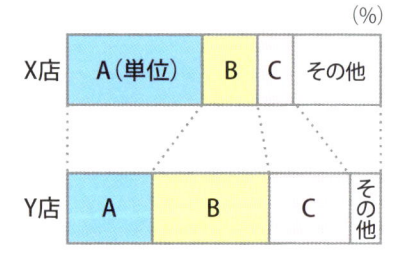

❹棒グラフ

▶ **選択のポイント**
- 数の大小を比較するとき
- それぞれ関連性のないもの同士を、同じ条件で比較するとき
- 棒グラフ以外では表せなさそうなとき

▶ **具体例**
- 営業部員の営業成績の比較

▶ **書き方**
- 横軸に項目名を書き、縦方向に棒線を伸ばす

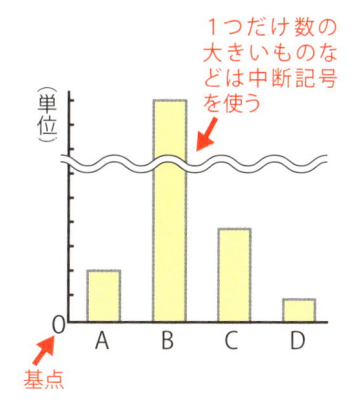

1つだけ数の大きいものなどは中断記号を使う

基点

❺複合グラフ

▶ **選択のポイント**
- プラスとマイナスの数値を比較するとき（問題文にプラスとマイナスの数値があるとき）
- 相反する数字結果を比較するとき

▶ **具体例**
- 収支決算

▶ **書き方**
- 項目名を中央に書き、左右（または上下）に棒線を伸ばす

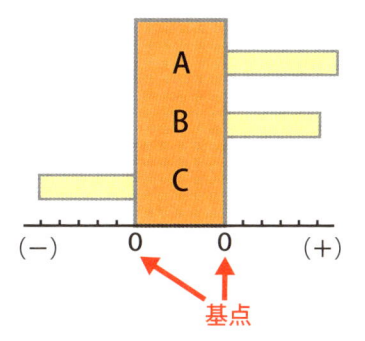

基点

まとめ グラフ作成のポイント

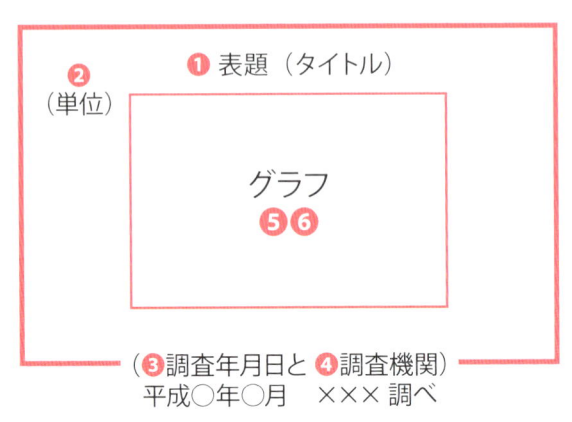

```
        ❶ 表題（タイトル）
❷
（単位）
          ┌─────────────────────┐
          │                     │
          │                     │
          │       グラフ         │
          │       ❺❻            │
          │                     │
          └─────────────────────┘
           (❸調査年月日と ❹調査機関)
            平成○年○月　×××調べ
```

❶表題（タイトル）をつける
❷単位記号を記す
❸調査年月日を記載する
❹調査機関を記載する
❺棒線や帯の中に数字を書き入れない場合は、目盛りをつける
❻グラフで扱う数に大きな差があるときは、中断記号を用いる

出る順テスト

次の表は、平成○年度の「携帯電話」の会社別の売上比率である。これを適切なグラフにせよ（定規を使わないで書いてもよい）。

A社	B社	C社	D社	その他
40%	25%	10%	5%	20%

経済産業省

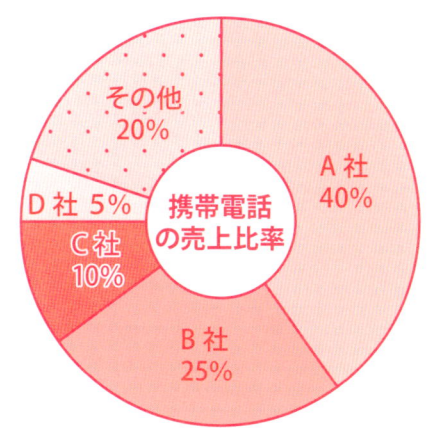

解答と解説

携帯電話の売上比率

- A社 40%
- B社 25%
- C社 10%
- D社 5%
- その他 20%

平成○年度　経済産業省

　問題文の数字を合計すると100になっています。こういう場合は、円グラフを書きます。

　円グラフを書くときは、まず基線を時計の12時のところに引き、構成比の大きい順に区切っていきます。また、「その他」は数字がいくら大きくても、最後に持ってきます。

　タイトルは**円の中心**に書いても**グラフの上**に書いてもかまいません。単位（％）、調査年、調査機関を忘れないようにしましょう。

出る順テスト

次の数字は、A社の平成○年度の社員食堂の社員アンケートに対する回答である。少し満足62%、非常に満足18%、少し不満8%、無回答7%、非常に不満5％。この回答を適切な円グラフにせよ（定規を使わないで書いてもよい）。

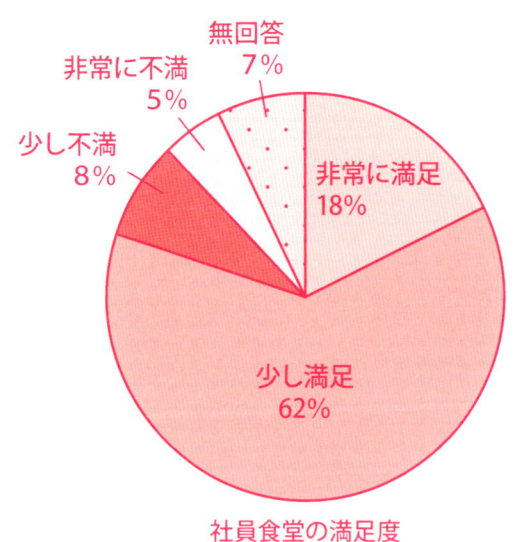

解答と解説

```
         無回答
         7%
  非常に不満
    5%
  少し不満
    8%          非常に満足
                  18%

         少し満足
          62%

      社員食堂の満足度
      平成○年度　A社調べ
```

問題文の数字を合計すると100になりますから、円グラフです。アンケートの回答が、非常に満足、少し満足……なので、これは「程度を表す円グラフ」だとわかります。時計の12時の場所を基点にして作成しますが、程度を表すグラフですから、「非常に満足、少し満足、少し不満、非常に不満」の順番で書いていきます。程度を表す円グラフの場合、「無回答」や「その他」は、どんなに割合が多くても最後に配置します。

出る順テスト

次の表をもとにグラフを書け（定規を使わないで書いてもよい）。

企業規模・職歴別入職者数割合（一般労働者）

	300人以上（大企業）	300人未満（中小企業）
新規学卒入職者	39.4%	18.0%
一般未就業入職者	19.0%	15.2%
転職入職者	41.6%	66.8%

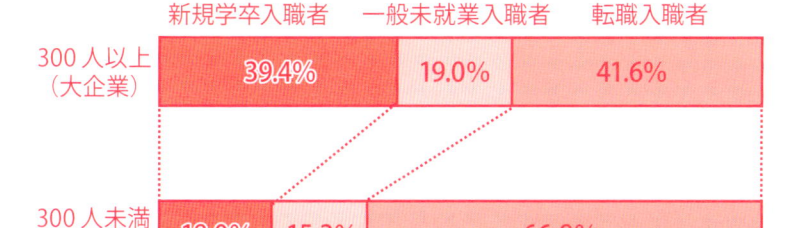

「厚生労働白書　平成○年度」

解答と解説

企業規模・職歴別入職者数割合（一般労働者）

	新規学卒入職者	一般未就業入職者	転職入職者
300人以上（大企業）	39.4%	19.0%	41.6%
300人未満（中小企業）	18.0%	15.2%	66.8%

「厚生労働白書　平成○年度」

「大企業」の数字を合計すると100になります。また、「中小企業」の数字も合計すると100になります。一見、円グラフを2個書けばよいように思われますが、帯グラフを書けば、両者を比較できます。

このように、合計が100％になる項目が複数ある場合には、帯グラフを書きましょう。

出る順テスト

次は「厚生労働白書」の統計である。これを適切なグラフにせよ（定規を使わないで書いてもよい）。

不安や悩みの相談先の構成割合

(%)

相談先	割合
親に相談	37.4
兄弟（姉妹）に相談	10.7
先生に相談	8.9
友達に相談	76.0
自分でよく考えて解決	37.9
特に何もしない	29.2

（注）複数回答である
（平成○年　厚生労働省調べ）

解答と解説

不安や悩みの相談先
（平成○年　厚生労働省調べ）

（注）複数回答である

（％）

- 親に相談　37.4
- 兄弟（姉妹）に相談　10.7
- 先生に相談　8.9
- 友達に相談　76.0
- 自分でよく考えて解決　37.9
- 特に何もしない　29.2

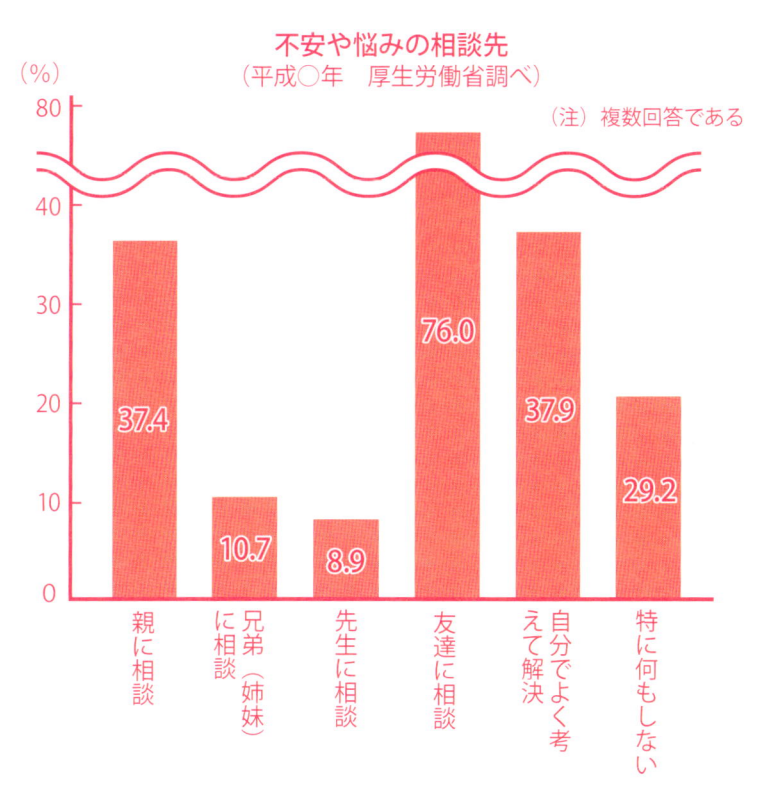

　問題文で提示されている構成割合の数値を合計したものが100になっていれば円グラフを書きますが、この問題では、「複数回答」とあるように、数値を合計すると100を超えてしまいます。ですから、棒グラフにするのが適当です。

　ほかに比べて突出している数字がある場合は「～」の中断記号を使用して、棒線を省略していることを表します。

　厚生労働省が発表しているものなので、「平成○年　厚生労働省調べ」と、調査年と調査機関についても記入します。

　また、**問題の中に特記事項がある場合**は、それも解答の中に書きます。この場合は「（注）複数回答である」がそれにあたります。

Section ❷ 社内文書の書き方

社内文書には一定の決まりがあります。社外文書と異なり、儀礼的な文言や敬語は必要ありません。必要なことを過不足なく簡潔に書くことが求められますので、それらを落とすことのないようにしましょう。

書き方のポイント

ポイント ❶	文書番号
ポイント ❷	発信日付
ポイント ❸	誰に対する文書か（受信者名）
ポイント ❹	誰からの文書か（発信者名）
ポイント ❺	社内文書のタイトル（件名）
ポイント ❻	本文
ポイント ❼	「記」の1文字を書く
ポイント ❽	内容を箇条書きにする
ポイント ❾	「以上」を書く
ポイント ❿	担当者名と内線番号

出る順テスト

　総務部長秘書A子は上司から、「9月1日の2時から3時まで、会社の会議室で介護休業制度についての説明会を開くので、全社員に連絡するように」と指示された。内容は「雇用保険法の改正で、労働者に有利な介護休業制度が発足した」というものである。この場合の社内文書を書け。

解答と解説

左ページの「書き方のポイント」と対応させながら見て、足りないものがないかどうかをチェックしましょう。

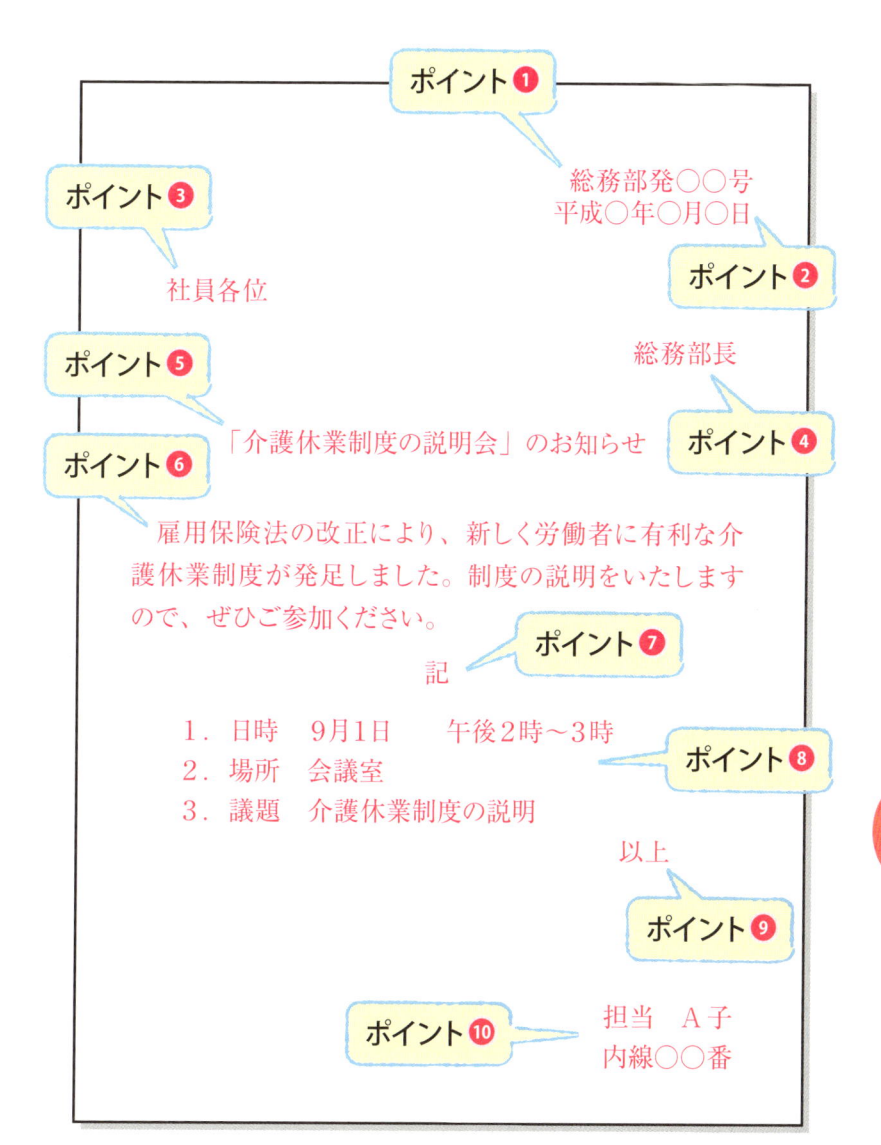

ポイント❶

総務部発〇〇号
平成〇年〇月〇日

ポイント❷

ポイント❸

社員各位

ポイント❺

総務部長

ポイント❹

「介護休業制度の説明会」のお知らせ

ポイント❻

雇用保険法の改正により、新しく労働者に有利な介護休業制度が発足しました。制度の説明をいたしますので、ぜひご参加ください。

記

ポイント❼

1. 日時　9月1日　　午後2時～3時
2. 場所　会議室
3. 議題　介護休業制度の説明

ポイント❽

以上

ポイント❾

担当　A子
内線〇〇番

ポイント❿

Section ❸ 郵送方法

郵便に関する問題では、「どのようなもの」を「どのような郵送方法」で送付するかに着眼して考えます。

　記述式問題では、郵送方法を答えさせる問題がほとんどです。PART 5 の Section1「郵便の種類」（166 〜 167 ページ）で、郵送方法を表にまとめていますので、まるごと覚えておきましょう。

　また、それぞれの郵送方法で、「送付できるもの」「送付できないもの」が決まっています。たとえば、試験でよく出題されるのが「書留」です。書留には、いくつか種類があり、送る中身によって種類が変わってくるからです。特に間違いやすいものは、以下の通りです。

郵送方法	送れるもの
現金書留	・現金（硬貨もOK。ただし重量が重くなると、郵送料が高くなる） ・手紙（信書）
一般書留	・手形・小切手・有価証券（株券） ・商品券 ・内容証明 ・手紙（信書） ※現金はダメ。単に「書留」と呼ばれることも多い。
簡易書留	・確実に送付したいもの（秘文書、原稿など） ・手紙（信書） ※現金はダメ
ゆうパック	・荷物 ※添え状、送り状以外の手紙（信書）はダメ
ゆうメール	・書籍・雑誌・冊子・印刷物 ・CD・DVD ※添え状、送り状以外の手紙（信書）はダメ

出る順テスト　次のそれぞれの場合について、最も適切な郵送方法は何かを述べよ。

1）母の誕生日にお祝いの郵便物を届けたい場合
2）法律の本の出版にあたり、原稿ができ上がったのでA出版社に送る場合
3）大学の友人が交通事故で亡くなり、香典とともにお悔やみ状を送付する場合
4）高等学校の「100年史」ができたので、同窓生に送付する場合
5）商品券を送る場合

解答と解説

1）配達日指定郵便
2）簡易書留
3）現金書留
4）ゆうメール
5）一般書留（書留）

1）「母の誕生日当日に届けたいもの」を送るのですから、配達日が指定できる方法で送ります。
2）原稿は「確実に送り届けたいもの」「なくしてはいけないもの」ですから、簡易書留がよいでしょう。
3）香典は現金ですから、現金書留にし、お悔やみ状を同封します。現金書留には信書（手紙）を同封できます。
4）本や雑誌は宅配便でも送れますが、同窓生は全国に散らばっていますから、全国均一料金のゆうメールを利用するのが最も適当です。
5）商品券やギフトカードなどの現金化できる券類は一般書留で送ります。

出る順テスト　次のそれぞれの場合について、最も適切な郵送方法を述べよ。

1） 食品や雑貨の混ざった荷物を送るとき
2） 家の立退き請求を内容証明郵便で送付する場合
3） 会費の支払いで、現金500円を送付するとき
4） 出版社に上司の原稿を確実に送る場合
5） ＣＤを送るとき

解答と解説

1） ゆうパック
2） 一般書留（書留）
3） 現金書留
4） 簡易書留
5） ゆうメール

1） ゆうパックには、信書（手紙）は入れられません。
2） 内容証明郵便は一般書留とする必要があります。
3） 現金書留では、硬貨も送付できます。
4） 重要な書類や原稿は簡易書留が適しています。
5） ゆうメールは、DVDや冊子も送れます。送付状以外の信書（手紙）は入れてはいけません。

Section 4 社内・社外文書でよく使用される漢字

Bランク ★★★★☆

社内文書・社外文書によく使用される漢字とその意味は、しっかり確認しておく必要があります。漢字の読み方も覚えておきましょう。手を動かして書き取りの練習も必須です。

文書でよく使われる用語

用語	読み方	意味
◎貴社	きしゃ	相手方の会社に対する尊敬語
◎御社	おんしゃ	相手方の会社に対する尊敬語
◎弊社	へいしゃ	自分が属する会社の謙譲語
◎隆盛	りゅうせい	栄えていて、勢いが盛んであること。会社・団体あての文書で使う
◎隆昌	りゅうしょう	盛んで栄えていること。会社・団体あての文書で使う
◎健勝	けんしょう	体が丈夫で元気なこと。個人あての文書で使う
◎清祥	せいしょう	相手の無事、健康をいう。個人あての文書で使う
◎貴殿	きでん	同等、それ以上の人
◎各位	かくい	おのおのがた、みなさん
自愛	じあい	自分自身を大切にすること★
◎愛顧	あいこ	目をかけて引き立てること★
◎引見	いんけん	呼んで、面会すること
◎多忙	たぼう	非常に忙しいこと
多用	たよう	用事が多いこと

繁栄	はんえい	勢力が盛んになって栄えること
○栄転	えいてん	高い地位に転任すること
○精励	せいれい	物事を力いっぱい行うこと
拝察	はいさつ	察することの謙譲語
◎査収	さしゅう	書類などを調べて受け取ること
○笑納	しょうのう	（贈答品を送付したときに、へりくだって）つまらないものですが、笑って受け取っていただきたい、という意味
○来臨	らいりん	人が来て出席することの尊敬語
来駕	らいが	人が訪ねてきていることの尊敬語
拝受	はいじゅ	うやうやしく受け取ること
恵与	けいよ	めぐみを与えること
承る	うけたまわる	相手の意にそって引き受けること
由	よし	聞いた内容を表す言葉
◎略儀	りゃくぎ	略式と同じ意味
懇切	こんせつ	親切なこと
時下	じか	このごろ
高配	こうはい	他人への配慮のこと
◎書中	しょちゅう	手紙、文書などの文中
格別	かくべつ	特別
◎平素	へいそ	常日ごろ、ふだん
過日	かじつ	先日
教示	きょうじ	教え示すこと
社屋	しゃおく	会社の建物のこと

冥福	めいふく	死後の幸福のこと
逝去	せいきょ	他人の死の尊敬語
休心	きゅうしん	安心
衷心	ちゅうしん	心から、まごころ
倍旧	ばいきゅう	よりいっそう
放念	ほうねん	心配しないで
◎所存	しょぞん	考え★
◎万障	ばんしょう	さしさわり 例）万障お繰り合わせのうえ 　　＝都合をつけ

※◎印と○印のものは最重要です。必ず覚えましょう。
★印は、この3年以内に出題されています。

出る順テスト

次は新社屋落成パーティーの招待状の文面である。通常使われる用語を（　）に答えよ。

拝啓　初夏の候、このほど建設中の弊社新社屋が落成の運びとなりました。これもひとえに皆様のご（　a　）、ご協力のたまものと深く感謝いたしております。
　つきましては、今後とも一層のご（　b　）を願い上げたく、ご（　c　）中、まことに恐縮でございますが、下記の落成披露パーティーに何とぞご来（　d　）賜りますよう、お願い申し上げます。
　まずは、（　e　）ながら（　f　）をもって、ご案内申し上げます。

敬具

解答と解説

a. 支援
b. 愛顧
c. 多用／多忙
d. 臨
e. 略儀
f. 書中

書いて覚える！

Section 5 自分側と相手側の呼び方

Bランク ★★★★

記述式問題の頻出項目です。それぞれの呼び方を正確に覚えてください。また、試験では「2つずつ答えよ」という問題が出てきます。最低でも2種類の言い方を覚えておきましょう。

自分側と相手側の呼び方

	自分側	相手側
◎会社	当社　弊社	御社　貴社
家	拙宅(せったく)　小宅(しょうたく)	貴家　貴宅　お宅
◎意見	私見　愚見	貴見　ご高見★　ご意見
文書	手紙　弊信	ご書面　貴信
場所	当地　当所	貴地　御地
受領	拝受　入手　受領	ご査収　お納め　ご受納
○死亡	死去	ご逝去(せいきょ)　他界
○気持ち	微意　微志　薄志	ご高配　ご厚情　ご厚志
訪問	お伺い　参上	ご来訪　ご引見　ご来席
◎品物	粗品　薄謝	お品　佳品(かひん)

人	私（わたくし）　小生　私儀	あなた様　そちら様　貴下　貴殿★
父	父　父親　愚父	お父様　ご尊父様　お父上
母	母　母親　おふくろ	お母様　ご母堂様　お母上
両親	両親　父母	ご両親　ご双親（そうしん）
夫	夫　主人　亭主	ご主人　ご主人様　だんな様
妻	妻　家内　女房	奥様　ご令室様
息子	息子　せがれ	ご子息★　ご令息★
娘	娘	お嬢様　ご令嬢　ご息女
家族	家族一同	ご一同様　皆様

★印は、この3年以内に出題されています。

参考

「品物をもらう・あげる」の表現
- 品物をもらうとき
「佳品をご恵贈たまわり、ありがとうございます」
- 品物をあげるとき
「粗品でございますが、ご笑納ください」

出る順テスト

次の語を手紙で書くとき、相手方の呼び方をそれぞれ2つずつ書け。

1）専務
2）両親
3）名前
4）父
5）家族
6）品物
7）家
8）会社

解答と解説

1）貴社専務　貴社専務取締役
2）ご両親　ご双親
3）御芳名　芳名
4）お父様　ご尊父様
5）ご一同様　皆様
6）お品　佳品
7）貴家　貴宅　お宅
8）貴社　御社

「ご両親」「ご一同様」などの「ご」は平仮名でも、漢字で「御」と書いてもかまいません。「御芳名」（285ページ参照）や「御社」は、必ず漢字で「御」を書きます。

事務用品の名称

Section ❺

Bランク

事務用品の名称を絵を見て答えさせる問題です。覚えていれば簡単に正解できる項目ですから、確実に書けるようにしておきましょう。あやふやにしておかないように！

出る順テスト

次の事務用品の名称を答えよ。

1）
スタンプ台ともいう。ゴム印にインクをつけて使用する。

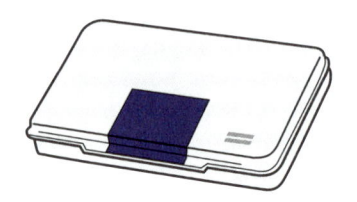

2）
書類をとじるための穴を開ける器具。

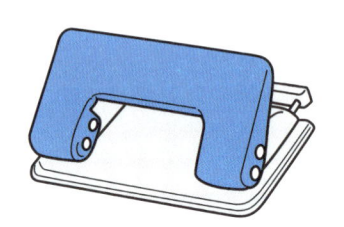

3）
器具の中に針を入れて、書類などをとじる器具。

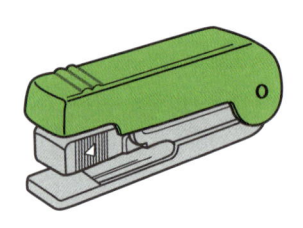

4)
書類を整理するためのケース。数段ついているので、書類の種類別に分類しておくと便利。

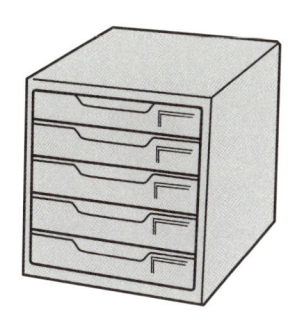

5)
一時的に、少ない枚数の書類をまとめるために使うもの。

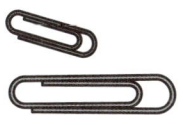

解答と解説

1) スタンプパッド
2) パンチ
3) ステープラー
4) レターケース
5) クリップ（ゼムクリップ）

3)は、「ホチキス」「ホッチキス」などと呼ぶことが多いかもしれませんが、それは会社の商品名（商標）です。「ステープラー」という表現も覚えておきましょう。

出る順テスト 次の事務用機器の名称を答えよ。

1)
フォルダーに書類をとじ込むための器具。

2)
書類に通し番号を打つ事務用器具。

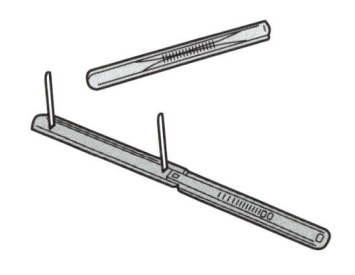

3)
文書を裁断する機器。文書から機密が漏れるのを防ぐ。

4)
手形・小切手などに金額を刻印する器具。

5)
カタログや雑誌をつるして収納・整理するもの。

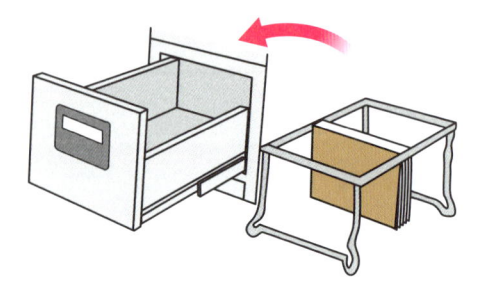

解答と解説

1）ファスナー
2）ナンバリング
3）シュレッダー
4）チェックライター
5）ハンギング・フォルダー

　2）のナンバリングは、刻印するごとに自動的に番号が繰り上がるスタンプです。書類の枚数が多いときに、通し番号を打つのに大変便利な機器です。

　3）のシュレッダーは、情報管理に厳しい現代では欠かせない機器です。会社の機密や個人情報の書かれた文書類を廃棄するときには、必ずシュレッダーで細かく裁断してから捨てることになります。

　いろいろな形のシュレッダーがあり、絵だけ見てもわからないこともありますので、問題文に用途が書いてある場合は、そこから想像してください。

　用途の説明から名称を答えさせる問題も出題されています。それぞれの事務用機器の使い方もきちんと覚えておきましょう。

CHECK！

使用法も覚えること！

Section ❼ ファイリング用語

C ランク

フォルダーは厚い紙を2つに折った形状の用具です。書類を中に収容します。これらのフォルダーが、きちんと管理された状態で運用されるには、使う人がファイリングのルールを守ることが大切です。

出る順テスト

次のファイリング用語を説明せよ。

1）キャビネット

2）ラベル

3）ガイド

4）雑フォルダー

5）個別フォルダー

6）貸し出しフォルダー
（貸し出し用持ち出しフォルダー）

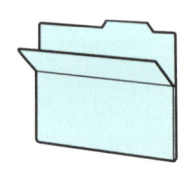

解答と解説

1) **フォルダーを立てて収容するもの。**

　キャビネットは、「バーチカル・ファイリング・キャビネット」ともいわれています。

2) **フォルダーの山型の出っぱり部分に貼る紙。**

　フォルダーの内容のタイトルを書いておくもの。たとえば、㈱山田物産の書類が入ったフォルダーであれば、「㈱山田物産」と記入します。

3) **フォルダーの区切りの役目をするカード。**

　第1ガイドは大見出し、第2ガイドは中見出しにします。

4) **個別フォルダーを作るまでもない、枚数の少ないものを入れるフォルダー。**

　たとえば、五十音順の「や」のフォルダーには「や」のつく会社・個人から来た書類を保管するので、「㈱山田商事」「㈱山本物産」などが雑フォルダーに入っています。

　㈱山本商事から来た書類が1〜4通ぐらいの少ない間は雑フォルダーに入れておき、5通以上になったところで、㈱山本商事の個別フォルダーを新たに作り、雑フォルダーから移します。

5) **ある特定の会社のフォルダー。**

　たとえば、「㈱山本商事」という個別フォルダーには、㈱山本商事から来た書類と、こちらから出した書類の控えが収められています。

6) **書類をフォルダーの中から持ち出すときに、持ち出した書類を入れて使用するフォルダーのこと。**

　紛失を防ぐために、書類を貸し出すときは、必ず貸し出しフォルダーに入れて貸し出します。また、書類を貸し出したら、貸出中であることがわかるように、貸出カードに必要事項を記入しておきます。

記述式問題では、「フォルダーを使った整理をすることで、どんなメリットがあるのか？」を問われることがあります。
　要点をまとめておきますので、覚えておいてください。

フォルダーを使う利点

- 書類を、穴を開けずに保管することができる
- 書類の出し入れがしやすい
- 不要になったファイルを処分しやすい
- はさむだけなので、容易にファイルできる
- フォルダーにとじ具がついていないので、かさばらない
- 穴を開けられない書類も、同じフォルダーで整理できる
- 大きさの異なる書類も同じフォルダーで整理できる

　また、フォルダーのサイズよりも大きな書類は、折って収納します。その際、文字が外側になるように折りますが、それは、いちいち開けなくても文書の中身を知るためです。
　また、折り目は必ず上に来るようにします。折り目を下にして保存していると、別の書類が折り目の間にまぎれ込んでしまい、どこに行ったかわからなくなってしまうおそれがあるからです。

Section 8 名刺整理

Cランク

名刺整理に関しての出題内容を見てみると、秘書が名刺を整理するときの方法、留意すること、そして、名刺整理箱と名刺整理簿の長所と短所についてなどが出ています。

名刺整理箱と名刺整理簿

名刺整理箱		名刺整理簿
• 名刺を大量に収納できる • 名刺の追加、差し替え、廃棄をしやすい • 名刺の大きさにかかわらず収納できる	長所	• 一覧性がある（帳簿式なので、見やすい） • 持ち運びしやすい
• 一覧性がない（名刺を1枚1枚取り出して見ないとわからない） • 持ち運びしにくい	短所	• 大量の名刺を収納するには不向き • 名刺の追加、差し替え、廃棄には不向き • 一定の大きさの名刺しか収納できない

名刺整理箱

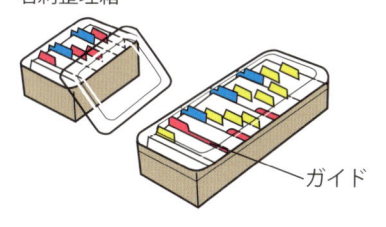

ガイド

名刺整理簿

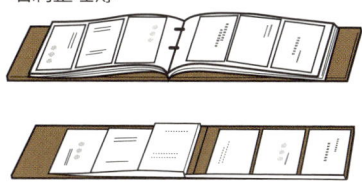

出る順テスト

秘書が名刺整理をするにあたり、留意する点を3つ箇条書きにせよ。

解答と解説

1. 使用する回数の多い名刺はすぐ取り出せるように、使用した名刺と新しく受け取った名刺は、ガイドのすぐ後ろに置く。
2. 受け取った名刺には、相手の顔の特徴、どのようなことを話し合ったか、受け取った日付などを記しておく。
3. 転勤・人事異動、退職などで住所、役職は変化するものなので、常に最新の情報を記入しておく。

名刺整理のポイント

- 名刺は受け取ったら、日付やメモ（相手の特徴・仕事内容）を記入
- 1年に1回以上整理し、古いものや使用しないものは廃棄する
- 名刺整理箱の場合はよく使う名刺、新しく受け取った名刺は、ガイドのすぐ後ろに入れる
- 廃棄するときはシュレッダーにかける（個人情報保護のため）
- 2枚以上ある名刺は、最新のもののみを残して廃棄する

よく使う名刺はガイドの後ろに集まる

出る順テスト

名刺整理の方法には「①名刺整理箱」と「②名刺整理簿」があるが、それぞれの長所と短所を述べよ。

解答と解説

①名刺整理箱の長所は、大量に扱えること、追加・差し替え・廃棄するときに便利なこと、大きさにかかわらず収納できること。
短所は、一覧性がなく、持ち運びに不便なこと。
②名刺整理簿の長所は、一覧性があり、持ち運びに便利なこと。
短所は、大量の名刺を収納できないこと、追加・差し替え・廃棄する際に不便なこと、一定のサイズの名刺しか収納できないこと。

「どれぐらいの量を収納できるか」「すぐ必要な名刺を見つけられるか」という2点から、長所・短所を考える必要があります。
「名刺整理箱」の長所は「名刺整理簿」の短所になっており、逆に、「名刺整理簿」の長所は「名刺整理箱」の短所になっています。それぞれの特徴を理解しておきましょう。
実務でも、両者を目的を考えてうまく使い分けることが必要です。

Section 9 会議に関する用語

説明文を読んで、それぞれ何を説明しているのかを書かせる問題が多く出題されています。漢字で書けるようにしておきましょう。

次は、会議用語の説明である。それぞれ何を説明しているのか、適切な会議用語を答えよ。

1）会議において予定外の事項を突然、議題にすること。
2）一度、会議で決まったことは、その会議の期間中には、再び審議することはないという原則。
3）会議を開くときに必要な最小限の人数のこと。
4）会議を開くために、会議に参加予定の人を集めること。
5）上級の機関が下級の機関に尋ねること。

解答と解説

1）動議
2）一事不再議の原則
3）定足数
4）招集
5）諮問

　用語の意味を覚えるときには、キーワードに注意を払いましょう。要点を押さえて解答することが基本です。3）の「定足数」という用語であれば、「会議を開く」と「最小限の人数」というのがキーワードです。

出る順テスト　次の説明は、会議の形式に関する説明である。該当する用語を記せ。

1）参加メンバーが自由に意見を発表し、他人の意見を批判したり中傷したりすることはできない。アイデアを生み出すとき、商品名を決めるときなどのように、自由な発想を重視するときに使用する。
2）公開を原則とするところに特徴がある会議。ひとつの議題の会議が終了したら、メンバー全員で質疑応答、意見交換をする。
3）専門家数人がそれぞれの観点から意見を述べて、最後に専門家と参加している聴衆の間で話し合う。この会議の形式を利用するのは学術的会議である。
4）異なる意見を持っている人（パネリスト）が聴衆の前で討論する。その後、質問と意見を聴衆から受ける形式の会議。

解答と解説

1）ブレーン・ストーミング
2）フォーラム
3）シンポジウム
4）パネル・ディスカッション

　用語問題では、問題文の中にあるキーワードが答えを導くヒントになってくれます。
　この問題のキーワードを見てみると、
1）ブレーン・ストーミング→「自由に意見を発表する」
2）フォーラム→「公開」
3）シンポジウム→「専門家」
4）パネル・ディスカッション→「異なる意見」
　がキーワードといえます。

Section ⑩ 手紙（頭語と結語）

頭語と結語には、相関関係があります。この相関関係を覚えることが必要です。頭語は外部に手紙を出すときの「書き出しの言葉」であり、結語は外部に出す手紙の最後に書く「止め言葉」です。

頭語と結語の対応

手紙の種類	頭語	結語
一般の手紙	拝啓	敬具
儀礼的な手紙	謹啓	敬白　敬具
返信のときの手紙	拝復	敬具
急を要する手紙	急啓　急白	草々
前文を省略する手紙	前略	草々
そのほかの手紙	（なし）	以上

出る順テスト

次の語句を説明せよ。
1）追って書き
2）頭語
3）結語

解答と解説

1）追って（あとから）足りないところ、不足する言葉を述べること。
2）外部に手紙を出すときの書き出しの言葉。例として拝啓・前略など。
3）外部に出す手紙の最後に書く止め言葉。例として、敬具・草々など。

出る順テスト

次の頭語に対する結語、結語に対する頭語を書け。
1）「前略」
2）頭語がないとき
3）「敬白」
4）「拝復」

解答と解説

1）草々
2）以上
3）謹啓
4）敬具

左ページの表をしっかり覚えて、漢字で書けるようにしておきましょう。

Section ⑪ 会議の開催案内の書き方

Cランク

会議の開催準備については178ページで学びましたが、その案内状や通知状の書き方についても少し学習しておきましょう。

　会議の準備段階では、参加者名は確定していないので、書くことができません。「何を（会議の名称）」「いつ（会議の日時）」「どこで（会議の開催場所）」「誰が（会議の主催者）」「どのようにして（駐車場・食事・お茶・資料）」という点を明らかにします。

出る順テスト

　秘書A子は上司から「各支店長会議を開催するので、通知状を出してほしい」と指示された。通知状に必要な項目を箇条書きにして4つ記せ。

解答と解説

①会議の名称 ┐
②議題　　　 ┴ 何を
③会議の開催日時　　いつ
④会議の開催場所　　どこで
⑤会議の主催者　　　誰が
⑥駐車場の有無・食事の有無・資料　　どのようにして

　以上の中から、4つ答えればよいでしょう。
　また、答案を書くときには、重要なものから順に記述していくことが大切です。上記の解答例は、①から重要な順にあげています。

Section ⑫ メモの作成

Cランク ★★★☆☆

試験では、訪問者の伝言があったときに、上司へのメモを作成させる記述式問題が出されています。実際に書いてみると書き忘れてしまう項目もあるので、繰り返し書く練習をしておきましょう。

🌀 メモを作成するときのポイント

▶ 伝言をそのまま書かず、要点を押さえて書く
▶ 5W 3Hを意識して書く

5W

WHAT	何を（目的）
WHEN	いつ（期限・時間）
WHERE	どこで、どこへ（場所、行き先）
WHO	誰が、誰と（関係者、顧客）
WHY	なぜ（理由）

3H

HOW	どのように（方法、手段）
HOW MUCH	いくら（費用）
HOW MANY	いくつ（数量）

▶ 伝言メモがあることを相手に口頭で伝える
- 伝言メモは、伝える相手の机の上などに置くが、相手には「伝言があります」と、伝言メモがあることを口頭でも伝える（書類の下に入ってしまい、相手が気づかない場合もあるため）

出る順テスト

秘書吉田A子の上司（渡辺部長）の出張中に、取引先のX社の竹田氏が転勤することになり、代わりの新任者と2人で挨拶に来た。そして、名刺を置いて、「よろしく伝えてください」と言って帰っていった。上司への伝言メモを記せ。

伝言メモ

解答と解説

伝言メモ

伝える相手の名前 …… 渡辺部長

用件 ……
X社の竹田様が転勤になり、新しい担当者と挨拶に見えました。部長がご出張中でしたので、名刺をお預かりしております。よろしくお伝えくださいとのことでした。

以上

○月△日　○時△分 …… 伝言を受けた日時

吉田 …… 伝言を受けた人の名前

　上司が出張から戻ったら、必ず伝言があることを口頭でも伝えます。メモを置いておくだけにしていると、見過ごされてしまう可能性があるからです。

Section ⓭ 返信はがきの書き方

Cランク

試験では、はがきのフォーマットに実際に記入させる問題が出ることが多いです。取り消しの二重線を引き忘れないようにしましょう。

出る順テスト

ＡＢＣ物産（株）の秘書Ａ子は、上司（高見沢俊夫）から返信はがきを渡され、「取引先の祝賀会があるが、この日は先約があって出席できない。欠席の返事を出してほしい」と指示された。このような場合、どのように書けばよいか。はがきに書き入れよ。

```
株式会社 いろは住宅　新工場完成祝賀会

御出席
御欠席

貴社名
御芳名
```

解答と解説

```
株式会社 いろは住宅  新工場完成祝賀会

  御出席(二重線)
  御欠席 ※「御」に二重線
    このたびはおめでとうございます。
    残念ですが、所用のために欠席させていただきます。

    貴社名(「貴」に二重線)  ＡＢＣ物産株式会社
    御芳名(「御芳」に二重線)  高見沢俊夫
```

　欠席として返信するので、まず「御出席」に二重線を引きます。残した「御欠席」の上についている「御」にも二重線を引きます。

　同じように、「貴社名」の「貴」、「御芳名」の「御芳」も敬意を表す表現ですから、消します。「芳」は「芳（かぐわ）しい＝よい香りがする」という意味で、名前につくと、敬意を表す表現となります。

　欠席の場合も、ひと言お祝いの言葉を添えるのがマナーです。

〔著者紹介〕

佐藤　一明（さとう　かずあき）

日本経済大学 教授（秘書学、キャリアデザイン、法学）

　1969年、中央大学法学部卒業。住友金属鉱山（株）19年間勤務後、日本電子専門学校専任教員、兼任として、自衛隊（法学）、川口短期大学（秘書学）、東京経営短期大学（秘書学）、川村学園女子大学（秘書学、キャリアデザイン）講師を経て現在に至る。

　過去の問題を徹底的に分析して作成した独自のテキストとノウハウにより、長年、秘書検定講座を指導し、高い合格率を誇る。

　主な著書に、『[最新版]【出る順問題集】秘書検定［記述式問題］の点数が面白いほどとれる本』、『カラー改訂版　出る順問題集　秘書検定準1級に面白いほど受かる本』『カラー改訂版　出る順問題集　秘書検定3級に面白いほど受かる本』『併願者向け出る順問題集　秘書検定3級・2級に一度で合格する本』『[カード学習方式]秘書検定2級・準1級に1回で受かる本』(以上、KADOKAWA)がある。

カラー改訂版
出る順問題集　秘書検定2級に面白いほど受かる本　(検印省略)

2014年3月22日　第1刷発行
2018年4月5日　第17刷発行

著　者　佐藤　一明（さとう　かずあき）
発行者　川金　正法

発　行　株式会社KADOKAWA
　　　　〒102-8177　東京都千代田区富士見2-13-3
　　　　03-3238-8521（カスタマーサポート）
　　　　http://www.kadokawa.co.jp/

落丁・乱丁本はご面倒でも、下記KADOKAWA読者係にお送りください。
送料は小社負担でお取り替えいたします。
古書店で購入したものについては、お取り替えできません。
電話049-259-1100（9：00～17：00／土日、祝日、年末年始を除く）
〒354-0041　埼玉県入間郡三芳町藤久保550-1

DTP／フォレスト　印刷・製本／加藤文明社

©2014 Kazuaki Sato, Printed in Japan.
ISBN978-4-04-600232-7　C2034

本書の無断複製（コピー、スキャン、デジタル化等）並びに無断複製物の譲渡及び配信は、著作権法上での例外を除き禁じられています。また、本書を代行業者などの第三者に依頼して複製する行為は、たとえ個人や家庭内での利用であっても一切認められておりません。